MANŒUVRES ÉTRANGÈRES

PAR E. T.

PARIS

LIBRAIRIE MILITAIRE

CONFÉRENCES

SUR LES

MANOEUVRES D'INFANTERIE.

Imprimerie de Cosse et J. Dumaine, rue Christine, 2.

CONFÉRENCES

MANŒUVRES D'INFANTERIE

MANŒUVRES ÉTRANGÈRES.

MANŒUVRES DE L'INFANTERIE PRUSSIENNE, AUTRICHIENNE, SUÉDOISE, BELGE, ESPAGNOLE, PIÉMONTAISE, ANGLAISE, RUSSE.

Par E. T.

PARIS,

LIBRAIRIE MILITAIRE.

J. DUMAINE, LIBRAIRE-ÉDITEUR DE L'EMPEREUR,

Rue et Passage Dauphine, 30.

1863

Ces conférences ont pour objet de faire voir les règles que suivent, dans leurs exercices et leurs manœuvres, les troupes d'infanterie des principales nations européennes.

Il est sans doute intéressant de connaître l'organisation et la tactique des armées grecques et romaines; mais on conviendra qu'il ne l'est pas moins d'étudier celles des peuples avec lesquels nous pouvons être appelés un jour à entrer en lutte. Cette dernière question présente d'ailleurs un caractère d'actualité et d'utilité pratique que n'offre pas la première.

Une semblable étude est surtout utile aux officiers qui sont destinés à diriger les mouvements des troupes en présence de l'ennemi, à reconnaître et à apprécier ceux des adversaires, à transmettre les ordres des généraux, missions importantes dévolues presque toujours à MM. les officiers d'état-major, et quelquefois aussi à de simples officiers d'infanterie et de cavalerie.

Nous examinerons donc les règlements de l'infanterie des puissances étrangères, en les parcourant en entier; nous indiquerons leurs points de ressemblance avec les nôtres ; nous nous arrêterons sur les parties

qui en diffèrent, en évitant, autant que possible, les
discussions et les digressions, forme d'analyse sans
doute peu attrayante, mais la plus avantageuse cependant, à notre point de vue, pour donner une idée
complète des manœuvres étrangères.

Nous observerons l'ordre suivant :

Manœuvres de l'infanterie en Prusse ;
—   —   en Autriche ;
—   —   en Suède ;
—   —   en Belgique ;
—   —   en Espagne ;
—   —   en Italie ;
—   —   en Angleterre ;
—   —   en Russie.

E. T.

TABLE.

—

I

MANŒUVRES DE L'INFANTERIE PRUSSIENNE.

II

MANŒUVRES DE L'INFANTERIE AUTRICHIENNE.

III

MANŒUVRES DE L'INFANTERIE SUÉDOISE.

IV

MANŒUVRES DE L'INFANTERIE BELGE.

CONFÉRENCES

SUR LES

MANOEUVRES D'INFANTERIE

MANŒUVRES ÉTRANGÈRES.

I

Manœuvres de l'infanterie prussienne.

§ 1. Coup d'œil sur l'organisation de l'armée prussienne.

La Prusse, pays essentiellement militaire, a eu pendant longtemps une grande influence sur les institutions des armées de l'Allemagne et du nord de l'Europe. Cette influence s'est fait sentir autrefois jusqu'en France; les principes du grand Frédéric s'introduisirent dans nos rangs en même temps que le maréchal de Saxe y prit du service. Les règlements de manœuvres, qui ont servi de base à ceux que nous suivons aujourd'hui, ont été rédigés pendant le règne de Louis XVI, sous l'inspiration de Guibert, partisan déclaré de la tactique prussienne et admirateur de Frédéric et du maréchal de Saxe.

L'étude raisonnée des manœuvres nous conduit naturellement à rechercher, avant tout, les méthodes tactiques en usage en Prusse.

Dans cette revue des manœuvres étrangères, nous analyserons donc d'abord celles de l'infanterie prussienne; nous les comparerons avec celles qui les ont précédées et avec celles en usage au temps de Frédéric. Afin de mieux nous rendre compte de la tactique des Prussiens, jetons un coup d'œil rapide sur l'organisation de leur armée, et en particulier sur celle de l'infanterie.

L'armée prussienne est divisée en neuf corps d'armée, la garde, qui réside à Berlin et à Potsdam, et huit corps provinciaux dont les quartiers généraux sont : Kœnigsberg, Stettin, Francfort, Magdebourg, Posen, Breslau, Munster et Coblentz.

Les corps d'armée, les divisions et les brigades, répondent à des divisions territoriales, et en dépendent en temps de paix, de sorte que les recrues d'une province ne servent que dans le corps de cette province.

Un corps d'armée provincial se compose de :

2 divisions d'infanterie (avec cavalerie);

1 brigade d'artillerie, c'est-à-dire 12 batteries,
dont 3 à cheval (chaque batterie est composée de 4 pièces);
1 bataillon de chasseurs;
1 bataillon de pionniers (de 4 compagnies);
1 bataillon du train (de 1200 hommes et de 1400
chevaux).

La division comprend deux brigades d'infanterie
et une brigade de cavalerie.

La brigade d'infanterie est formée de deux régiments de trois bataillons chacun; la brigade de cavalerie est forte de deux régiments.

Dans la brigade d'artillerie de province, on compte
en outre le matériel et le personnel des forteresses.

En temps de guerre, cette organisation est un peu
modifiée.

Avant 1860, l'armée prussienne renfermait trois
éléments :

1° L'*armée active*; 2° la *landwehr*; 3° la levée en
masse ou *landsturm*.

L'armée active et la landwehr du premier ban formaient l'armée permanente; la landwehr du deuxième
ban et le landsturm servaient de réserve.

L'armée active se recrutait au moyen des *volontaires* ou *engagés*, des citoyens de 20 à 25 ans *appelés*
par le sort, et des hommes *de la réserve* qui, ayant fait
leurs deux ou trois années dans le service actif, pré-
féraient y achever les cinq années qu'ils devaient à
l'État.

La landwehr du premier ban se composait des
jeunes gens qui avaient fait deux ou trois ans de service réel; des jeunes gens de 20 à 25 ans qui, par
une cause quelconque, ne se trouvaient pas dans

l'armée active, et des libérés depuis l'âge de 26 jusqu'à 32 ans.

La landwehr du deuxième ban comprenait tous les hommes valides de 32 à 40 ans. C'était une sorte de garde nationale non soldée, obligée de se réunir seulement huit jours pour manœuvrer, et destinée, en temps de guerre, à défendre les places.

Le landsturm se levait pour la défense du sol national. Tout Prussien de 40 à 50 ans en faisait partie; il devait prendre les armes dès que le territoire était envahi. Son rôle n'est pas changé.

La landwehr était une seconde armée permanente, organisée de la même manière que l'armée active, ayant des régiments d'infanterie, des bataillons et des escadrons dont le numéro avait son correspondant dans l'armée active. Ainsi, par exemple, l'infanterie, qui, en 1857, comptait 32 régiments de ligne et 32 de landwehr, avait, dans le même corps d'armée, le 25ᵉ landwehr et le 25ᵉ de ligne.

Les troupes de cette sorte de milice restaient dans leurs foyers, et se réunissaient pour manœuvrer à des époques déterminées, au chef-lieu d'arrondissement où se trouvaient les magasins d'armes et d'équipement; les cadres seuls étaient permanents et soldés.

Cette organisation avait été nécessitée par la disposition exceptionnelle du territoire de la Prusse et les faibles ressources de ses finances. Une grande quantité de troupes, indispensable pour défendre un État aussi morcelé, une armée coûtant peu et enlevant le moins possible de bras à l'agriculture pendant la paix, tel est le problème que l'on avait résolu. Excellent dans le principe, ce système, après de longues années de paix, offrait de graves inconvénients :

l'esprit de localité avait pris la place de l'esprit militaire ; on aurait eu de grandes difficultés à mettre en campagne des hommes qui, habitués à vivre en famille, exerçant une profession quelconque, ou une certaine industrie, ayant des intérêts, des affections, se regardaient tout à fait comme n'appartenant plus à l'armée et n'étaient soldats que de nom. Aujourd'hui, le gouvernement prussien a laissé subsister l'ancienne division en corps d'armée de province, qui, malgré les embarras qu'elle pourrait donner dans une guerre civile, a de grands avantages au point de vue administratif. Mais, apercevant les autres défauts de son système militaire, il a entrepris une réorganisation complète de son armée. Ainsi, depuis 1860, la durée du service dans l'armée active a été prolongée ; une plus grande partie du contingent annuel a été appelée sous les drapeaux ; de cette façon, on a pu réduire considérablement le rôle de la landwehr et augmenter les forces de l'armée active. Celle-ci devra désormais se composer des classes de 20 à 28 ans, et le contingent annuel sera de 60,000 hommes au lieu de 40,000, moyenne appelée jusqu'ici par année. Ces mesures n'ont pu toutefois s'appliquer immédiatement à l'artillerie et à la cavalerie, où le soldat doit rester plus longtemps sous les drapeaux ; elles n'auront un effet complet que petit à petit.

L'ancien principe qui reconnaît que tout Prussien est soldat subsiste néanmoins toujours : ainsi, point d'exemption, point de remplacement comme dans notre armée. Cependant les jeunes gens qui ont reçu une éducation libérale, les étudiants, ou ceux qui se destinent à certaines professions, sont autorisés à ne servir qu'un an, à condition qu'ils s'habilleront et s'équiperont à leurs frais. Si les besoins de l'armée l'exigent, on les autorise à faire leur service comme médecin, pharmacien, suivant leurs aptitudes. Ainsi, il existe peu de citoyens prussiens qui ne soient en état de porter les armes.

La physionomie de cette armée est toute différente de la nôtre. Les soldats y servent avec plus de goût que chez nous, les officiers sont plus instruits. Ces derniers sortent des écoles militaires, où ils n'entrent qu'après avoir servi d'abord comme simples soldats, ensuite six mois comme *porte-épée*, grade qu'ils n'obtiennent même qu'après un examen. La durée des cours des écoles est seulement de six mois.

L'académie militaire de Berlin est une école de perfectionnement où vont passer trois ans les officiers qui veulent avoir une instruction très-complète.

Quant à ce que nous appelons l'avancement des sous-officiers, il est complétement inconnu. Les grades sont l'apanage de la noblesse, excepté cependant dans l'artillerie et le génie où l'aristocratie a une certaine répugnance à servir.

§ 2. Composition de l'infanterie.

L'infanterie, dont nous avons à nous occuper plus particulièrement, se compose aujourd'hui :

1° De la garde, qui comprend :

    4 régiments de garde à pied à trois bataillons ;

    4 régiments de grenadiers ;

    1 régiment de fusiliers ;

    1 bataillon de chasseurs ;

    1 bataillon de tirailleurs.

— 7 —

2° De l'infanterie de ligne, qui comprend :

  12 régiments de grenadiers ;
   8 régiments dits de fusiliers ;
  52 régiments de ligne ;
   8 bataillons de chasseurs ;
   1 bataillon d'instruction.

En tout 81 régiments et 9 bataillons

En temps de guerre on ajoute à chaque régiment un quatrième bataillon de même force, qui devient bataillon de dépôt. L'effectif de l'armée peut être évalué, en temps de paix, à environ 200,000 hommes ; et en temps de guerre, en y comprenant la landwehr, il serait de 700,000 hommes, sur 18 millions d'habitants : c'est environ le quart de la population.

L'infanterie prussienne est remarquable par sa discipline et sa tenue. Son habillement est simple, sévère, et repousse les couleurs éclatantes et les ornements inutiles ; il se compose d'une tunique bleu foncé (1), avec des pattes sur les épaules portant le numéro du régiment, et variant de couleur suivant le corps d'armée, d'un pantalon de drap gris-noir, couleur adoptée pour toute l'armée, et d'un casque en cuir noir, garni de bandes de cuivre et d'une pointe de même métal. Les marques distinctives des chefs sont très-simples : ainsi les sous-officiers ou caporaux ne se distinguent des hommes de troupe que par un petit

____

(1) Le bleu foncé domine dans l'armée prussienne. — Toute la cavalerie porte aussi des tuniques de cette couleur, excepté les hussards, qui en ont de vertes, de rouges et de marrons, avec des brandebourgs de nuances qui varient suivant les régiments, et les cuirassiers qui ont un habit blanc.

galon au collet et au parement; le sergent-major a de plus un bouton au collet et une dragonne d'argent à son sabre. Les officiers portent de simples contre-épaulettes en drap avec un bord en argent; celles du sous-lieutenant ou lieutenant en second sont unies; celles du premier lieutenant ont une étoile, celles du capitaine deux étoiles. Les officiers supérieurs ont des épaulettes d'argent à petits bouillons avec des étoiles pour indiquer le grade. Le signe du service pour les officiers est une écharpe à ceinture en argent et en soie noire.

Presque toute l'infanterie est armée du fusil à aiguille (*zundnadelgewehr*) (1); le troisième bataillon de chaque régiment a un fusil plus court ; il en est de même des huit régiments dits de *fusiliers;* ce troisième bataillon se distingue encore des autres par un sabre-baïonnette et par ses buffleteries, qui sont noires, tandis que celles des autres sont blanches.

Il se recrute comme les régiments de fusiliers et, comme eux, est destiné au service de troupes légères.

**§ 3. Réglement des manœuvres de 1847.—
Instruction individuelle.**

Le règlement d'exercices de l'infanterie prussienne.

---

(1) Le fusil à aiguille se charge par la culasse ; sa culasse s'ouvre et se ferme au moyen d'une sorte de verrou. Lorsque l'on tire en arrière ce verrou, on ouvre la culasse et on tend en même temps un ressort à boudin qui est muni à son extrémité d'une grosse aiguille. En appuyant sur la détente, on laisse libre le jeu du ressort, et l'aiguille frappe la capsule qui est placée dans la charge. Ce choc enflamme la capsule et par suite la charge. — On peut tirer avec cette arme cinq coups à la minute. — Pour plus de détails, voyez le ***Cours de tir de Vincennes***.

date du 25 février 1847. Il comprend cinq parties : une instruction individuelle du soldat, une école de compagnie, une école de bataillon, une instruction particulière pour l'emploi des tirailleurs et pour celui des colonnes de compagnies, et une école de brigade. On y a joint un appendice relatif aux parades, que nous ne mentionnons que pour mémoire.

Dans ce règlement très-concis, très-simple, on a cherché à écarter tout ce qui a paru inutile et sans application sur le champ de bataille. « Les mouve-« ments compliqués et combinés avec art, dit quel-« que part l'ordonnance, doivent être bannis du ter-« rain d'exercice. » C'est par la même raison qu'on a développé, plus qu'on ne l'avait fait jusqu'alors, ce qui a rapport aux tirailleurs, dont l'emploi à la guerre est de tous les instants.

Ce qui distingue tout d'abord les manœuvres de l'infanterie prussienne des nôtres, c'est l'emploi constant des tirailleurs. Tous les mouvements sont appuyés, protégés par des tirailleurs; la formation tactique fondamentale de l'infanterie répond à cet objet : elle est sur trois rangs (1), et le troisième rang a pour but de fournir ces tirailleurs. On forme avec lui, au moment du besoin, quatre pelotons que l'on emploie immédiatement, ou que l'on place en colonne, deux par deux, derrière les ailes du bataillon lorsqu'il est déployé, sur les flancs lorsqu'il est en colonne. En dehors de cette fonction toute spéciale, le rôle du troisième rang est complétement passif. Une autre chose frappe aussi

---

(1) Les bataillons de chasseurs et de tirailleurs, par exception, ne sont que sur deux rangs.

lorsqu'on regarde manœuvrer l'infanterie prussienne : l'ordre et le silence sont observés avec la plus scrupuleuse attention ; point de cris, point d'observations à voix haute, qui troublent toujours les mouvements et engendrent souvent de la confusion et du désordre.

Les commandements eux-mêmes sont de la plus grande concision. En général, la voix seule du chef de bataillon se fait entendre, et les autres officiers, à quelques rares exceptions près, n'ont pas de commandements à faire. — Assurément les manœuvres gagnent à cela une grande simplicité et une grande rapidité d'exécution.

Nous allons examiner maintenant les principales dispositions du règlement :

Instruction individuelle. — Nous n'avons que très-peu de chose à remarquer dans la première partie du règlement prussien.

L'instruction se donne d'abord à chaque homme isolément ; la plus grande partie des principes qu'on lui enseigne ressemblent aux nôtres. — La position du soldat sans armes, les à-droite et les à-gauche, la marche, sont décrits, dans le règlement prussien, exactement de la même manière que dans notre ordonnance de 1831.

Nous noterons toutefois, comme s'écartant de nos usages, le *demi-tour à gauche*, lequel s'exécute ainsi : l'homme tourne sur le talon gauche et sur la pointe du pied droit, puis rapporte ce pied à côté du gauche dès que le demi-tour est achevé ; et *le pas oblique*, qui s'emploie seulement pour appuyer un peu à droite ou à gauche, et qui n'a aucune ressemblance avec celui de l'ordonnance de 1831. Pour l'exécuter, le soldat porte le pied droit sur le côté, à un pied environ, et rapproche ensuite vivement le gauche de celui-ci, et continue à avancer de la même manière ; pour appuyer à gauche, il fait l'inverse.

La vitesse du pas adopté n'est pas aussi rapide que celle du nôtre.

Le pas habituel est de 108 à la minute ; le pas accéléré, pour charger à la baïonnette, est de 120 par minute. Le pas redoublé s'emploie dans des cas exceptionnels ; c'est la marche poussée à sa plus grande vitesse et sans cadence, sans cependant dégénérer en allure de course.

Lorsque le soldat connaît la position militaire et la marche, on lui enseigne le maniement des armes. Le maniement d'armes est très-simple et dégagé de tout mouvement de parade dont l'utilité n'est pas parfaitement reconnue. En revanche, on l'exécute avec une précision, une régularité, une roideur mécanique qui produisent un très-bel effet d'ensemble, auquel nos soldats ne pourront jamais atteindre.

Le soldat prussien porte l'arme dans *le bras droit*, comme nos chasseurs à pied, et marche habituellement *l'arme sur l'épaule gauche*. En route, il la porte sur l'une ou l'autre épaule indistinctement, et, pour abréger les mouvements, il la met sur l'épaule aussi bien lorsqu'il est reposé sur l'arme que lorsqu'il est au port d'armes.

La charge se fait en neuf temps, non compris le premier, qui consiste à passer l'arme à gauche ; on la termine en amorçant. Cette méthode, en usage dans plusieurs autres armées étrangères, notamment dans l'infanterie anglaise, permet de faire plus vite feu que la nôtre ; mais elle a l'inconvénient d'exposer l'homme à mettre deux cartouches l'une sur l'autre, parce qu'il ne peut voir après avoir tiré si la fumée sort par la cheminée, indice que le coup est parti.

On charge l'arme, étant au port d'armes ou bien ayant l'arme sur l'épaule, sans porter préalablement l'arme. Dans ce second cas, après avoir chargé, on replace l'arme sur l'épaule (1). Il est défendu de faire décomposer la charge à une compagnie et à une réunion quelconque de troupes; cet exercice ne devant servir qu'à l'instruction individuelle des recrues.

L'homme apprête son arme et fait feu comme le soldat français, seulement il porte le poids du corps sur le pied gauche, qui est en avant; mauvaise habitude que nous avions prise autrefois pour résister au recul de l'arme et dont nous nous sommes défaits.

Les Prussiens croisent la baïonnette comme les Français, avec cette différence qu'ils arment le fusil dès qu'il est abattu dans la main gauche.

Le chapitre III, qui termine l'instruction individuelle, comprend le maniement d'armes des sous-officiers et celui de la carabine, le port du drapeau et de l'épée, et le salut. Ces détails ressemblent aux nôtres et n'offrent rien de particulier.

Dans cette instruction, comme dans les écoles qui suivent, les commandements d'exercice sont plus laconiques que les nôtres, plus expressifs, plus énergiques; traduits en Français, ils signifient à peu près :

---

(1) Dans le règlement prussien, le paragraphe relatif à la charge a été rédigé pour l'usage du fusil à percussion. — Les fusils à aiguille se chargent d'une tout autre manière.

Portez vos armes (1); *reposez-vous sur vos armes* (2); *attention, présentez vos armes* (3); *l'arme sur l'épaule* (4); *alignez-vous* (5); *formez les faisceaux* (6); *le bataillon doit charger, — chargez* (7).

Quand l'instruction individuelle du soldat est achevée, on réunit plusieurs hommes ensemble, on les met en rangs et en files et on les prépare par des exercices simultanés à ceux de l'école de compagnie. Les principes de cette instruction étant les mêmes que ceux de l'école de compagnie, le règlement ne lui consacre pas de chapitre spécial et passe de suite à cette école.

Avant de l'analyser, disons quelques mots de l'organisation tactique du bataillon et de la compagnie, sa subdivision principale.

§ 4. Organisation tactique du bataillon et de la compagnie d'infanterie.

Un bataillon se compose de quatre compagnies, placées l'une à la suite de l'autre, dans l'ordre de leurs numéros, de la droite à la gauche.

La compagnie en Prusse, comme dans presque toutes les armées allemandes, est la principale subdivision du bataillon; elle est à la fois l'unité administrative et l'unité tactique.

---

(1) Gewehr-auf.
(2) Gewehr-ab.
(3) Achtung ! præsentirt das gewehr.
(4) Gewehr-über.
(5) Recht-euch.
(6) Setzt die gewehr zusammen.
(7) Bataillon soll chargiren — geladen !

Elle se forme sur trois rangs : les hommes les plus grands au premier rang, les plus agiles et les meilleurs tireurs au troisième; dans chaque rang, les hommes sont coude à coude et se suivent d'après leur taille en allant de la droite à la gauche. La distance d'un rang à l'autre est de deux pieds, comptés de la poitrine d'un homme au dos de son chef de file.

La compagnie se divise en deux pelotons; les pelotons se partagent en demi-pelotons lorsqu'ils comprennent plus de vingt files, et ceux-ci en sections ; les pelotons se divisent seulement en sections lorsqu'ils ont moins de vingt files.

Les huit pelotons qui forment le bataillon se numérotent de la droite à la gauche et conservent la dénomination de leurs numéros dans toutes les circonstances.

Les officiers sont placés dans l'ordonnance de la compagnie de la manière suivante : le capitaine à l'aile droite du premier peloton, le premier lieutenant à l'aile droite du second peloton, le plus ancien et le plus jeune second lieutenant en arrière du premier peloton, le deuxième second lieutenant à l'aile gauche de la compagnie ou du deuxième peloton. Derrière chaque chef de peloton, et sur l'alignement du troisième rang, se trouvent un sous-officier et un autre en arrière de l'avant-dernière file de chaque peloton, à deux pas du troisième rang. Ces deux sous-officiers se nomment *sous-officiers des ailes*. Les autres sous-officiers se placent à deux pas en arrière du troisième rang.

Dans un bataillon, le drapeau est placé entre le quatrième et le cinquième peloton, au premier rang;

deux sous-officiers l'encadrent et trois autres se tiennent derrière lui au troisième rang.

La musique et les tambours, dans toutes les formations, aux parades exceptées, se mettent en arrière du centre, à huit pas de la ligne des officiers, la musique à droite du drapeau, les tambours à gauche, les cornets et les fifres à la droite des tambours. Les officiers se placent dans chaque compagnie comme il vient d'être dit, si ce n'est que le deuxième sous-lieutenant de la compagnie de gauche se met à l'aile gauche du premier rang et ferme le front du bataillon, tandis que les autres sous-lieutenants sont en serre-files derrière le deuxième peloton de chaque compagnie.

Le bataillon est commandé par un *major*, ayant un sous-lieutenant (second lieutenant) pour adjudant de bataillon (adjudant-major).

§ 5. École de la compagnie.—Feux.—Colonne de compagnie, etc.

L'instruction de la compagnie du règlement prussien comprend plusieurs chapitres, dont le contenu est marqué par les titres suivants :

Formation de la compagnie et alignement ; — maniement des armes ;—charges et les feux ;—différents mouvements de la compagnie ; — colonne de compagnie par peloton et demi-peloton ; — manière de combattre en tirailleurs et formations pour des cas spéciaux.

La compagnie étant formée comme nous l'avons expliqué, voyons comment elle manœuvre.

Les principes d'alignements sont les mêmes que

les nôtres ; le tracé de la ligne se fait autrement ; il est marqué par le chef de peloton et l'officier de la gauche ; ceux-ci se portent en avant au commandement de *Jalonneurs en avant* (1) ! dont on fait précéder celui de *Alignez-vous* (2).

Le maniement d'armes de l'école de compagnie n'est autre que celui de l'instruction individuelle, mais la charge s'exécute sans décomposer ; elle est toujours suivie des feux.

Ceux-ci méritent de fixer notre attention ; ils sont de trois espèces :

1° Le feu de front ;
2° Le feu de rang ou de carré ;
3° Le feu de file.

On fait faire le feu de front aux commandements suivants (3) :

1° *Le bataillon va charger.*
2° *Chargez.*
3° *Apprêtez.*
4° *Joue.*
5° *Feu.*
6° *Chargez.*

Au commandement de *chargez*, le deuxième rang fait un pas à droite, le troisième un pas en arrière, et celui-ci reste au port d'armes ou l'arme sur l'épaule. Les officiers reculent sur l'alignement du second rang.

---

(1) Points vor !
(2) Richt euch !
(3) Bataillon soll chargiren ; — geladen. — fertig — an ! — feuer. — geladen !

Ce feu s'exécute simultanément par le premier et le deuxième rang, les hommes de celui-ci tirant par le créneau.

Le commandement de *Feu* doit être prolongé, afin que les hommes tirent avec calme, sans secousse, lentement et sans chercher à faire feu tous ensemble.

Le feu cesse au commandement de :

Chien au repos. ═*Portez vos armes* (1).

Le *feu de carré* s'exécute ainsi : le premier rang croise la baïonnette, le deuxième et le troisième font un pas à droite, de manière à rester en file l'un derrière l'autre, et le deuxième rang seul tire au commandement de : *Deuxième rang, joue*, etc. — Après le premier feu, ce rang tire avec les armes du troisième rang, recharge, tire de nouveau, toujours aux commandements du chef, et de manière à faire deux salves avec la même arme.

Le *feu de file* n'est point pareil à notre feu de deux rangs ; au signal du tambour, les hommes du premier rang visent et tirent à volonté ; dans chaque file, l'homme du deuxième rang ne tire que lorsque celui qui est devant lui a chargé son arme.

On fait aussi exécuter ces feux en arrière, au moyen d'un demi-tour, et en appliquant au troisième rang ce qui a été dit au sujet du premier.

Tous les mouvements dont un peloton de notre infanterie est susceptible, la compagnie prussienne les exécute de la même manière, excepté qu'elle n'ouvre pas les rangs, qu'elle ne met pas de files en arrière et qu'elle ne se forme pas sur la droite en bataille par file.

---

(1) Hahn in ruh ! — Schulter !

Les changements de direction ne se font que par des conversions ; dans les conversions en marchant, comme dans celles qui se font de pied ferme, on conserve le tact des coudes du côté du pivot.

Quand une compagnie rompt par peloton, le commandement de *Halte* est prononcé par le capitaine, et non par le chef de chaque peloton ; les pelotons doivent s'aligner en s'arrêtant, sans aucun commandement.

Lorsque la compagnie est par le flanc, on peut, de pied ferme, la former en bataille perpendiculairement à la direction, en commandant : *A droite* (ou *à gauche*) *en ligne,* — *marche* (1). Les files se portent successivement en ligne, comme à l'art. 5 de la 4e leçon de notre école de peloton, et s'alignent en s'arrêtant. Si le peloton est en marche, elles continuent à marcher, en prenant le pas de la tête dès qu'elles arrivent en ligne.

Les Prussiens se servent depuis 1843, dans leurs manœuvres, de petites colonnes, formées avec les éléments d'une compagnie, et cet usage, qui a été imité rapidement par les autres armées de l'Allemagne et du Nord, vient d'être aussi adopté par nous.

Ce qui concerne les colonnes de compagnie est enseigné dans cette école. Voici en quoi elles consistent :

Elles se composent de pelotons et de demi-pelotons, la droite ou la gauche en tête, à distance entière ou à demi-distance.

---

(1) Rechts (links) marschirt !

Si la compagnie appartient au demi-bataillon de droite, le capitaine commande :

Formez la colonne de compagnie (1).

« Le troisième rang du peloton pair fait demi-tour
« à droite, marche douze pas en arrière et se remet
« face en tête. Les officiers et sous-officiers en serre-
« files derrière ce peloton suivent le mouvement du
« troisième rang;

« Le peloton impair fait en même temps par
« le flanc gauche et va se placer, avec ses deux
« premiers rangs, à six pas en arrière du pe-
« loton pair, tandis que son troisième rang se porte
« en avant et contre le troisième rang du peloton
« pair. »

La compagnie présente ainsi la figure d'une petite colonne de trois subdivisions sur deux rangs, à distance de six pas.

« Si la compagnie appartient à un demi-bataillon
« de gauche, c'est le peloton pair qui fait par le flanc
« droit et qui va se ployer en colonne derrière le pe-
« loton impair ; son troisième rang se place derrière
« celui du peloton impair, lequel s'est porté à douze
« pas en arrière. »

Le capitaine marche à la tête de la colonne, les chefs de peloton restent à leur peloton, le deuxième lieutenant en second prend le commandement du *peloton de tirailleurs* (ou troisième peloton), les sous-officiers encadrent les pelotons, les tambours marchent à la queue de la colonne, le cornet reste près du capitaine.

---

(1) Kompagnie, kolonne formirt !

Si l'on veut passer de la colonne de compagnie à un front plus restreint, le capitaine commande :

Rompez par demi-peloton !

Les demi-pelotons impairs d'une compagnie qui appartient au demi-bataillon de droite font à gauche et vont se mettre à deux pas en arrière des demi-pelotons pairs; c'est l'inverse si la compagnie fait partie du demi-bataillon de gauche. — Le troisième sous-lieutenant, le sergent-major, l'enseigne, commandent les demi-pelotons pairs.

Les pelotons se reforment au moyen d'un à-droite (ou d'un à-gauche); la compagnie se remet dans l'ordre primitif par un déploiement. — La colonne de compagnie marche toujours l'arme sur l'épaule droite et sans cadence; « lorsqu'elle est appelée à agir en *co-* « *lonne serrée*, comme, par exemple, pour une attaque « à la baïonnette, elle marche alors au pas cadencé. » — Tous les mouvements dont cette colonne est susceptible doivent se faire avec ordre et calme. Au commandement de *Halte*, les hommes s'arrêtent et mettent toujours l'arme au pied.

Une compagnie isolée peut aussi, sur le champ de bataille, se trouver obligée de se défendre contre une attaque de cavalerie.

Dans ce cas, au commandement de *Serrez marche*, les pelotons ou demi-pelotons de la compagnie serrent sur la subdivision de la tête de manière à ne laisser entre eux que l'espace strictement nécessaire pour les officiers, les sous-officiers, les serre-files et les tambours. Au commandement de *Ap-prêtez vos armes*, la compagnie fait face de tous côtés, les hommes du premier rang croisent la baïonnette, et ceux qui sont derrière apprêtent leurs armes.

Lorsque l'ennemi est à une petite distance, le capitaine commande :

Feu !

Le feu commence de tous côtés par les hommes qui sont en seconde ligne, lesquels échangent leurs armes avec ceux qui sont derrière; il continue jusqu'au signal de *Cessez le feu,* conformément à ce qui est prescrit pour les *feux de carré*.

Au commandement de *Portez vos armes,* tout le monde fait front. Les mouvements de cette colonne serrée en masse se font au pas cadencé. On reforme la colonne de compagnie au commandement de *Formez la colonne;* les distances se reprennent en raccourcissant le pas ou au moyen d'un alignement en arrière.

Les colonnes de compagnie sont toujours protégées par une ligne de tirailleurs, et les mouvements de cette ligne, la marche, les feux, les conversions, les moyens pour étendre la ligne (ouvrir les intervalles) relever et rallier les tirailleurs, etc., font l'objet des derniers paragraphes de l'instruction de compagnie ; nous nous en occuperons ailleurs.

§ 6. École de bataillon.

Sept chapitres sont consacrés à cette partie de la théorie prussienne. Suivant le procédé d'analyse que nous avons adopté, nous passerons en revue cette école dans l'ordre des chapitres.

La première chose que fait un bataillon qui se réunit, c'est de s'aligner; c'est aussi la première chose dont s'occupe l'école de bataillon des Prussiens. Les *alignements* sont déterminés par les drapeaux et les guides généraux et les chefs de peloton, et se font plus rapidement que chez nous. Le chef commande :

Guides en avant ! (1)

A ce commandement, le porte-drapeau s'avance aussi loin que le prescrit le commandant. L'officier de l'aile droite et celui de l'aile gauche se portent également en avant à hauteur du drapeau. Le chef de bataillon, placé près du drapeau, aligne l'un des deux officiers , selon que le bataillon de direction se trouve à droite ou à gauche. L'autre officier se conforme à cet alignement.

Le commandant du bataillon commande ensuite :

En avant ! (2)

Les chefs de peloton se portent sur la ligne et s'alignent sur le centre.

Enfin, au commandement de :

Alignez-vous ! (3).

Les soldats se portent sur la ligne en prenant le tact des coudes du côté du drapeau. — Ainsi point de jalonneurs autres que les chefs de peloton, et toutes ces minuties qui font perdre un temps infini.

Le maniement d'armes, les charges et les feux, la

---

(1) Points vor !
(2) Vorwärts !
(3) Richt euch !

marche de flanc et de front s'exécutent comme à l'école de compagnie.

Lorsque le bataillon sait bien s'aligner, on l'exerce à *la marche en bataille*.

Les principes de cette marche sont ceux que nous suivons. Le drapeau est chargé de la direction de tout le bataillon; il sert de base à l'alignement pendant la marche; il est surveillé constamment par l'adjudant-major, qui est à cheval et qui le suit derrière le centre du bataillon: toutefois les chefs de peloton restent à leur place, contrairement à ce que font les nôtres dans le demi-bataillon de gauche.

Les commandements sont les suivants :

1. *Bataillon en avant.*
2. *Marche.*

Au premier, le drapeau et les deux sous-officiers qui l'accompagnent se portent à huit pas en avant; l'adjudant indique le point de direction.

Au deuxième commandement, le bataillon s'ébranle, les tambours battent la charge (excepté dans les retraites).

Pour l'arrêter, le chef commande :

Bataillon = halte.

Tout le monde s'arrête et « aucun mouvement ne « doit avoir lieu dans le but d'améliorer l'aligne- « ment. » Si l'alignement est tout à fait perdu, alors seulement on le rétablit, mais en prenant un alignement général.

La marche en retraite s'exécute comme la nôtre, à part les détails; les obstacles qui se présentent sont évités de la manière suivante : le chef de peloton devant lequel ils se trouvent, commande :

1. *Tel peloton = halte.*

Lorsque le rang des serre-files a dépassé son peloton, il ajoute :

2. *Oblique à droite* (ou *à gauche*) *= marche.*

Les pelotons rentrent en ligne par une marche oblique ou bien au pas de course.

Les changements de front, dans l'ordre direct, s'exécutent toujours en rompant par subdivision et en se portant en avant sur la nouvelle ligne de bataille, dans le cas où l'on ne veut pas faire usage de la colonne serrée par peloton ou de la colonne double et déployer.

Les *changements de front sur le centre* se font au commandement de :

Conversion sur le centre à droite (ou *à gauche*).

Ils ont pour pivot le *drapeau.* Cette manœuvre est ancienne; elle existe dans notre ordonnance de 1791, et elle vient d'être introduite dans notre instruction de 1862. — Les Prussiens la font comme nous, à l'exception que les pelotons des ailes marchent au pas redoublé ou au pas de course. — La direction et le tact des coudes pendant la conversion sont du côté du drapeau.

Un bataillon déployé, marchant en avant, *charge à la baïonnette* de la manière suivante :

Au commandement de :

1. *Pour l'attaque, l'arme = à droite.*

les trois rangs, si le troisième n'est pas formé en pelotons, descendent l'arme à droite ; le bataillon prend une allure très-accélérée, au son de tous les tambours; le drapeau et la garde du drapeau, qui sont à huit pas en avant, reprennent leur place ; le chef de bataillon se porte en arrière, et lorsque le bataillon arrive à environ douze pas de l'ennemi, il commande :

2. *Croisez la baïonnette = marche ! marche !*

Les deux premiers rangs croisent la baïonnette et se précipitent sur l'ennemi en poussant avec force le cri *hourra* (Hurrah ruf).

Le major fait ensuite le commandement de :

Bataillon = halte.

Les tambours font un court roulement, le bataillon s'arrête , le troisième rang se porte en arrière, et le bataillon se dispose à faire feu.

Dans cette marche , le pas doit être fait avec résolution, le haut du corps penché fortement en avant, et les rangs doivent se serrer, afin que les baïonnettes du second rang passent à travers les créneaux du premier. Ces observations peuvent s'appliquer à toute troupe dans la même situation.

Les Prussiens ont plusieurs espèces de colonnes :

1° La colonne par le flanc ;
2° La colonne *ouverte* (par peloton, demi-pelotons, ou sections) ;
3° La colonne serrée;
4° La colonne d'attaque ;
5° Les colonnes de compagnie.

La première s'emploie pour gagner une très-courte distance sur l'un des côtés.

La *colonne ouverte* s'obtient en rompant la ligne au moyen de la conversion des subdivisions à pivot fixe. Dans cette formation, les subdivisions ont entre elles, à compter du premier rang de l'une au premier rang de celle qui suit, une distance égale à l'étendue de leur front. C'est ce que nous appelons *colonne à distance entière*.

La *colonne serrée* se forme généralement par le ploiement des pelotons en arrière : dans cette colonne, la distance entre les pelotons est le double de la distance qui existe entre deux rangs ; elle se compte à partir des sous-officiers serre-files du peloton précédent, lesquels, ainsi que les officiers en serre-files, serrent à distance de rang sur le troisième rang de leur peloton.

Le ploiement s'exécute, sur le premier ou le huitième peloton, d'après les procédés que nous connaissons ; mais ce mouvement se fait avec une bien plus grande simplicité que dans notre infanterie ; le chef de bataillon commande seulement :

A droite en colonne — à droite = marche (1).

Si c'est sur le huitième qu'il veut ployer, il commande :

A gauche, etc.

Les pelotons marchent d'un pas allongé sans se régler les uns sur les autres, et se dirigent vers leur emplacement.

-----

(1) Rechts in kolonne, rechts-um ; — Marsch !

Les chefs de peloton commandent seulement :

Halte = front (1).

Les officiers chefs de peloton se placent sur l'aile droite ; les tambours à huit pas à la queue de la colonne ; le drapeau et sa garde se portent rapidement derrière l'aile droite du cinquième peloton, et sur un rang dans l'alignement des sous-officiers de serre-files. — Dans cette manœuvre on ne voit pas l'adjudant-major courir derrière les guides ; on n'entend point tous ces commandements : *A droite alignement, fixe ; arme bras ; guides, à vos places,* etc., et tout le bruit qui s'ensuit ; et notez que les termes allemands des commandements du chef de bataillon, dont nous avons donné la traduction, sont encore plus brefs et plus énergiques que ceux par lesquels nous les avons représentés.

Il peut arriver des cas où il est nécessaire de former la colonne en faisant déboîter les pelotons en avant ; le terrain, par exemple, peut y obliger. Dans ce cas on suit les mêmes règles. Le chef de bataillon indique cette particularité dans son commandement seulement par ces mots : *Pour marcher par la gauche* (ou *par la droite,* suivant le cas) — *en colonne à droite* (ou *à gauche)=marche.* Ces mouvements sont analogues à ceux du n° 68 de notre école de bataillon.

La *colonne d'attaque* ou colonne sur le centre n'est pas autre chose que notre colonne double, et se forme de même, mais avec moins de commandements, moins de tapage et de confusion, comme toujours.

______

(1) Halt—Front.

Si l'ennemi est à portée, on commande seulement :

Sur le centre en colonne = marche.

La formation s'exécute au pas redoublé, les pelotons s'arrêtent et se placent d'eux-mêmes à distance de quart de peloton, sans commandement des chefs de peloton. Ce mouvement s'exécute dans un espace de temps beaucoup plus court qu'il ne nous en faut pour faire entendre nos beaux commandements, bien sonores et bien inutiles, dont le nombre ne s'élève pas à moins d'une *vingtaine* dans l'ordonnance de 1831, et encore à un total trop grand dans la nouvelle instruction.

Les *colonnes de compagnie* se forment comme nous l'avons expliqué plus haut (école de compagnie), et au seul commandement du chef de bataillon de :

Formez les colonnes de compagnie.

Les tirailleurs, s'ils ne sont pas au troisième rang, vont rejoindre leurs compagnies. Les tambours, cornets, musiciens se rendent à leurs compagnies respectives.

La marche des colonnes est soumise à des règles analogues aux nôtres. Dans une colonne quelconque, le guide est toujours à droite; un sous-officier marche sur le flanc pour donner le pas, les officiers sont en général sur le flanc droit. Par exception, quand on veut que la direction soit à gauche, on commande :

Les yeux à gauche !

Dans la colonne d'attaque, la direction est au centre ; elle est donnée par le drapeau.

Dans une colonne ouverte (à distance), les changements de direction se font par le principe des conversions à pivot fixe.

Dans une colonne serrée, la première subdivision seule converse régulièrement à pivot fixe ; les autres obliquent du côté de l'aile marchante, pour se conformer au mouvement de celle qui est en tête.

On rompt et on forme les subdivisions d'une colonne ouverte au moyen de la marche oblique et en doublant l'allure, le résultat définitif du mouvement ressemblant du reste au nôtre.

Dans une colonne, la *contre-marche* s'exécute toujours par le flanc droit et par devant le premier rang, quel que soit le numéro du peloton de la tête.

Un bataillon en colonne serrée peut se former en colonne ouverte en prenant distance de quart de peloton, de demi-peloton ou distance entière. C'est la distance de quart de peloton qui se prend habituellement lorsque la colonne serrée doit marcher longtemps.

Jusqu'ici ces mouvements diffèrent peu de ceux qui nous sont familiers ; en voici d'autres qui ont peut-être inspiré les rédacteurs de l'instruction de 1862, et qui sont très-usités chez les Prussiens.

Le premier que nous avons à signaler, c'est le passage de la colonne par peloton, ouverte ou serrée, à la colonne d'attaque ; secondement, le passage de cette première colonne à celles de compagnie ; enfin, le retour à la colonne ouverte ou serrée.

La première manœuvre s'exécute ainsi :

Le quatrième peloton ne bouge pas, les trois premiers font par le flanc droit, se mettent en marche en conversant par file à droite ; le cinquième oblique à gauche pour se placer à la gauche du quatrième ; chacun des trois premiers pelotons de la tête va se former sur la droite par file en bataille, en arrière du quatrième, et se place ainsi à la droite de son codivisionnaire qui a obliqué à gauche derrière le cinquième. (En colonne serrée, les pelotons de gauche font par le flanc.) Si la colonne est en marche, ce mouvement se fait rapidement au pas de course au commandement seul du chef de bataillon.

Pour former les colonnes de compagnie, le troisième rang de chaque peloton impair vient former un peloton avec celui du peloton pair de la même compagnie, qui recule en arrière de six pas. Tous les pelotons serrent à six pas. — La colonne est composée alors de douze subdivisions, les unes derrière les autres. A la première circonstance favorable, on fait prendre aux colonnes de compagnie les intervalles indiqués plus haut.

Cette manœuvre se fait la gauche en tête par les moyens inverses.

Pour revenir de la colonne d'attaque à la colonne par peloton, ouverte ou serrée, le chef de bataillon, s'il veut avoir la droite en tête, commande :

Pour marcher par la droite = en colonne.

Le chef du quatrième peloton ne bouge pas; ceux des troisième, deuxième et premier pelotons commandent :

A droite.

Au commandement de :

Marche,

du chef de bataillon, «ces trois pelotons prennent leur ordre de colonne, en avant du quatrième, en conver-

sant par file à gauche; et lorsque les chefs de peloton
se trouvent avec leurs files de droite à hauteur de
celles du quatrième, ils forment leurs pelotons en
ligne et les arrêtent; les cinquième, sixième, septième et huitième pelotons se portent par le flanc
droit derrière le quatrième, qui n'a pas bougé. »

Si la colonne doit avoir la gauche en tête, ce mouvement se fait sur le cinquième peloton et par les
moyens inverses.

Si les pelotons de tirailleurs étaient à la queue de
la colonne d'attaque, ils se porteraient sur le flanc.

On passe de la colonne d'attaque aux colonnes de
compagnie en faisant porter par le flanc le troisième
rang des deuxième et quatrième pelotons derrière
celui des premier et troisième, et de même celui des
cinquième et septième derrière celui des huitième et
sixième pelotons. Réciproquement, on peut de cette
formation revenir à la colonne d'attaque. On profite
de la première circonstance qui se présente pour placer les compagnies aux diverses distances prescrites.

Les mouvements de la colonne d'attaque sont soumis aux règles suivantes :

Les pelotons de cette colonne doivent toujours
avoir distance de quart de peloton, à moins que le
contraire ne soit formellement prescrit.

Elle ne serre que lorsque le chef l'ordonne; ce qui
ne se fait qu'au moment de déployer, d'attaquer à la
baïonnette, de former le carré, ou, en général, lorsqu'elle doit se préparer au combat.

La direction de marche de cette colonne est toujours donnée par le drapeau, qui se tient entre le
quatrième et le cinquième peloton, sans sortir des

rangs ; l'alignement et le tact des coudes se prennent du côté du drapeau. Dans les conversions de cette colonne, le tact des coudes se prend du côté du pivot et la direction est du côté de l'aile marchante.

Dans les mouvements en retraite, les sous-officiers des ailes des pelotons de l'intérieur de la colonne se portent sur l'alignement du troisième rang.

Deux des sous-officiers, désignés d'avance pour fermer le carré, se placent aussitôt sur un rang, entre les sous-officiers des ailes du premier et du huitième peloton, et tiennent lieu de drapeau.

Lorsque des accidents de terrain ne permettent pas à la colonne d'attaque de marcher avec la largeur d'une division, on fait rompre les subdivisions par l'un des moyens suivants : 1° par la tête et par le flanc ; 2° par la tête et par demi-peloton ; — tous les pelotons ensemble ; — de pied ferme et en marche.

Dans le premier mouvement, les pelotons font par le flanc droit et par file à gauche, ou par le flanc gauche et par file à droite. Nous venons d'adopter le second mouvement dans l'instruction de 1862 ; on sait que dans ce cas on rompt les pelotons comme à l'ordinaire. Si un défilé se présente, les pelotons extérieurs raccourcissent le pas jusqu'à ce que les quatre pelotons intérieurs les aient dépassés et marchent alors à la suite de ces derniers.

Nous terminerons l'examen de l'école de bataillon en disant quelques mots sur les mouvements du chapitre XV, qui ont pour objet de passer de l'ordre en colonne à l'ordre en bataille. Quant aux derniers chapitres, qui ont rapport à l'instruction des tirailleurs, nous nous réservons de les étudier plus tard.

Lorsque le bataillon est en colonne à distance entière (colonne ouverte), la formation à droite (ou à gauche) en bataille est semblable à la nôtre; mais, avant son exécution, les officiers se portent sur le flanc, au commandement du chef de bataillon, pour assurer la direction de la colonne et les distances et tracer ainsi eux-mêmes la ligne de bataille.

. Dans la formation sur la droite en bataille, les pelotons conversent au lieu de tourner en éventail; cela seul constitue la différence de ce mouvement avec le nôtre.

Celui de *En avant en bataille*, diffère aussi du nôtre; il se fait par le déboîtement oblique des pelotons. Le chef de bataillon commande :

    1. *A droite (à gauche) marchez en ligne;*
    2. *Oblique à droite (à gauche).*

Les pelotons marchent obliquement vers la ligne de bataille, qui est jalonnée, comme chez nous, par les sous-officiers; chaque peloton se porte successivement contre la ligne au commandement de *En avant*, fait par son chef, dès que le peloton se trouve à hauteur de la place qu'il doit occuper. Celui-ci conserve les yeux à gauche et s'arrête. Lorsque le mouvement est achevé, le chef de bataillon commande : *Sous-officiers en arrière* (c'est-à-dire *à vos places*).

Le déploiement des colonnes serrées est tel qu'il a été imaginé par Frédéric, tel que nous l'exécutons aussi; il peut avoir lieu sur la subdivision de la queue ou sur une subdivision de l'intérieur.

Au commandement du chef de bataillon *A droite déployez,* — *à droite* $=$ *Marche*, les pelotons déboîtent par le flanc, et lorsque la tête de chaque peloton est à la hauteur de la queue de celui qui le précède dans l'ordre de bataille, le chef de chaque peloton s'arrête, laisse filer son peloton, et commande *Par le flanc droit*, puis *Halte*. Les sous-officiers jalonnent la ligne sur laquelle se placent les pelotons.

Lorsque l'on veut déployer sur la ligne où est la queue de la colonne, on commande :

Sur la queue de la colonne, à droite, déployez.

Pour déployer sur un peloton de l'intérieur, on fait le commandement suivant :

Tel peloton ne bougez pas ; à droite et à gauche déployez. — À droite, à gauche ; = Marche.

La colonne d'attaque se déploie comme la nôtre de pied ferme, aux commandements :

1. *A droite et à gauche déployez ;*
2. *À droite, à gauche ; = Marche.*

Si le déploiement d'un bataillon formé en colonne d'attaque doit s'exécuter pendant la marche, il se fera au pas de course, au commandement suivant du chef de bataillon :

A droite et à gauche, marchez en ligne ; = Marche.

Les pelotons qui sont en arrière du premier se porteront en avant par une marche oblique.

La colonne d'attaque peut aussi se déployer sur un des pelotons de la queue.

Enfin, on reforme la ligne de bataille, le bataillon étant en colonne de compagnie, par un déboîtement des pelotons à droite et à gauche.

Ainsi tous ces mouvements sont analogues à ceux

de notre ordonnance de 1831. Quant à ceux qui en diffèrent, ils viennent d'être introduits dans notre instruction de 1862.

D'autres manœuvres, tout à fait nouvelles, spéciales aux peuples du Nord, et qui viennent d'être imitées par nous, sont fréquemment employées par les bataillons prussiens. Je veux parler des colonnes de compagnie.

Afin d'en donner une idée plus complète, nous extrairons du règlement plusieurs passages qui les concernent.

« Les quatre colonnes de compagnie d'un bataillon se tirent de l'ordre de bataille ordinaire ou de la colonne simple, ou enfin de la colonne d'attaque. Elles ne peuvent être employées à un commandement donné, ni à une distance déterminée d'avance et invariable. Les circonstances qui surgissent et le but qu'on se propose fixeront le chef de bataillon sur l'opportunité de leur emploi et le meilleur usage à en faire. »

« On donnera généralement à la formation plus de profondeur que de largeur, et en pays de plaine, à moins de motifs particuliers, on ne mettra jamais plus de 80 à 100 pas entre ces colonnes, afin qu'elles puissent se soutenir mutuellement et se réunir facilement. On aura soin de ne déployer ces forces que successivement, et de conserver toujours une compagnie au moins en réserve. Le drapeau restera avec la réserve. »

« Les colonnes de compagnie se maniant plus facilement sur tous les terrains, et offrant à l'ennemi des points de mire de plus petite dimension, on s'en servira de préférence dans les pays entrecoupés. »

« Elles devront attacher la plus grande importance à leur liaison entre elles; elles seront toujours protégées par des tirailleurs, mais on ne déploiera pour tirailler que le nombre d'hommes nécessaire.

« On ne renforcera les lignes que successivement, de manière à avoir constamment une compagnie au moins en réserve. En un mot, on n'usera de ses forces qu'avec la plus grande économie.....

« Lorsqu'on commencera la défense d'un accident au moyen de deux compagnies, on ne les engagera que successivement; on placera les tróupes de soutien à l'abri du feu de l'ennemi, et deux autres compagnies seront tenues en deuxième ligne; on n'enverra une troisième compagnie pour soutenir le combat, que lorsque les deux premières, chargées de la défense, ne pourront plus y suffire. »

« Les compagnies qui s'avancent, dans ce cas, ont principalement pour mission d'alimenter le feu des tirailleurs, tandis que les parties qui restent dans l'ordre serré peuvent encore, dans plusieurs circonstances, prendre part au combat d'une autre manière. Si les tirailleurs ne parviennent pas à se rendre maîtres d'un ou de plusieurs points avantageux de la position ennemie, dont la possession arrête leur marche, la subdivision formée en ordre serré pourra chercher à s'en emparer par une attaque à la baïonnette, en couvrant par ses tirailleurs, d'abord son front, et ensuite ses flancs. Si l'attaque réussit, le terrain conquis est abandonné aux tirailleurs et les troupes de soutien reprennent leur rôle primitif. L'attaque ne réussit-elle pas, la subdivision, en ordre serré, cherche à se soustraire au feu de l'ennemi, en se couvrant de ses tirailleurs, tandis qu'une autre subdivision, ou la compagnie de réserve, protége cette retraite précipitée. De même, dans la défense, la portion d'une compagnie restée en réserve pourra marcher au secours d'une partie de la ligne de tirailleurs qui serait serrée de trop près par l'ennemi, en se lançant rapidement, et s'il est possible à couvert, sur l'ennemi, qu'elle attaquera avec résolution, pour rétablir les chances du combat. Ce but atteint, elle retournera dans sa position, en se mettant à couvert, sans chercher à s'engager davantage. »

« Si, dans l'attaque, aussi bien que dans la défense, trois compagnies sont parvenues à affaiblir ou à épuiser les forces de l'ennemi par leur feu soutenu et bien nourri, et si, dans le courant du combat, les subdivisions restées en ordre serré ont pu vaincre les quelques obstacles qui se seraient présentés, l'emploi de la quatrième compagnie restée en réserve, dirigé avec discernement, surtout dans un pays entrecoupé et pas trop ouvert, amènera le plus souvent une issue favorable, ou du moins permettra de s'emparer d'une nouvelle position plus avantageuse pour continuer le combat. Si le combat des tirailleurs a exigé l'emploi d'un plus petit nombre de compagnies, et que, par conséquent, les forces restées en réserve soient plus considérables, il est évident que les moyens d'amener une issue favorable du combat se multiplient également. »

« On n'emploiera les colonnes de compagnies dans un terrain uni et ouvert, généralement, que dans les cas où on n'aura pas à craindre la cavalerie. »

« Si l'on se voyait subitement assailli par la cavalerie, et qu'on n'eût pas le temps de rétablir la colonne d'attaque, les hommes se grouperont le mieux possible, en faisant face en dehors; deux compagnies au moins se réunissant ensemble pour présenter une masse résistante. »

« Dans tous les cas, il faut se rappeler que les compagnies ne doivent pas se perdre de vue, mais toujours se prêter un soutien mutuel. »

Ces prescriptions du règlement prussien, jointes à celles que nous extrairons du règlement belge, serviront à démontrer toutes les ressources que l'on peut tirer de ce système de formation.

§ 7. — École de brigade.

Une brigade, en Prusse, se compose de six bataillons, c'est-à-dire de deux régiments à trois bataillons (le troisième bataillon de chacun, comme nous l'avons dit plus haut, est armé de carabines, et est destiné à remplir le rôle d'infanterie légère); c'est la plus grande réunion de troupes obéissant à la voix d'un seul chef, le général-major.

Les lieutenants généraux, qui ont plusieurs brigades sous leurs ordres, dirigent les mouvements des divisions, sans faire de commandement et sans être soumis à des règles déterminées.

Deux brigades constituent généralement une division.

La brigade, pour se rassembler, se place sur deux ou trois lignes; un régiment à chaque ligne, comme en Autriche.

Lorsqu'une brigade est isolée, elle se range sur

trois lignes, un bataillon en troisième ligne pour servir de réserve.

Dans cette formation, les bataillons sont ployés en colonne serrée par pelotons, ou en colonne d'attaque, à distance de quart de peloton; les bataillons de la seconde ligne sont à trente pas de ceux de la première et les drapeaux se couvrent; dans les deux lignes, les bataillons ont entre eux vingt pas d'intervalle.

Quand un régiment de landwehr fait partie de la brigade, il est toujours en seconde ligne.

Chacun des deux chefs de régiment commande la ligne où se trouve son régiment.

Les évolutions de la brigade sont peu nombreuses; elles ont pour objet le déploiement, la marche, les changements de front, le passage des lignes et les carrés.

Le déploiement d'une brigade peut se faire sur la ligne même de bataille ou bien par un mouvement en avant ou en arrière.

Dans le premier cas, le commandant de la brigade désigne un bataillon de direction et commande :

A distance entière, déboîtez.

A ce commandement, répété par les chefs de lignes, les bataillons font à droite ou à gauche, et se prolongent sur la ligne de bataille, jusqu'à ce qu'ils aient gagné tout l'espace nécessaire pour se déployer en ligne, y compris les vingt pas d'intervalle qui doivent les séparer.

La seconde ligne conserve sa distance de trente pas jusqu'au moment de se porter en avant.

Les bataillons qui la composent se placent derrière

le centre des intervalles de la première ligne, de manière à déborder celle-ci d'un demi-bataillon, à droite dans les brigades impaires, et à gauche dans les brigades paires.

Lorsque la brigade doit se déployer, pendant la marche, en avant ou en retraite, un bataillon de direction est également désigné, et au commandement *Pour déboîter*, les bataillons subordonnés font chacun à droite ou à gauche, la seconde ligne ralentit le pas. La distance de déploiement est fixée par le règlement à *cent cinquante pas* en temps de paix.

Une brigade isolée, formée sur trois lignes, avec un bataillon en réserve (en troisième ligne), se déploie également sur la ligne de bataille étant en marche, d'après les mêmes principes ; la troisième ligne prend distance de cent cinquante pas pendant le mouvement.

On peut aussi, si l'on a désigné un bataillon pour former l'avant-garde au lieu de la réserve, déployer seulement ce bataillon pendant que la brigade marche en avant soit en colonne d'attaque, soit la première ligne déployée ; la deuxième conserve toujours sa formation en colonne d'attaque.

Dans tous les déploiements, les tirailleurs couvrent toujours le front de la brigade. Lorsqu'on aborde l'ennemi, les tirailleurs démasquent la tête des colonnes et suivent ensuite le mouvement en avant, en marchant dans l'intervalle des colonnes et sur les ailes, d'où ils continuent leur feu.

Si la brigade aborde l'ennemi en ordre déployé, les pelotons de tirailleurs sont rappelés dès que la ligne arrive à leur portée et ils se placent en colonne derrière les ailes.

La première ligne fait alors le feu de bataillon, en commençant par le bataillon de direction. Après quelques salves, le commandant peut former les colonnes serrées et aborder l'ennemi à la baïonnette.

Les deux lignes se remplacent et se relèvent par des passages de ligne qui ressemblent aux nôtres ; les bataillons d'une ligne passent par les intervalles de l'autre et prennent trente pas de distance.

Tous ces mouvements sont protégés et appuyés par des tirailleurs, qui doivent toujours conserver leurs relations avec la ligne ou avec l'avant-garde, si l'on marche avec une avant-garde.

De tout ce qui précède, on peut conclure que la colonne d'attaque est la formation normale de combat des Prussiens, et que l'emploi des tirailleurs est d'un usage constant. Leurs mouvements sont toujours prévus par le règlement. Il n'existe aucune instruction dans notre théorie sur la combinaison des tirailleurs avec les lignes. Tout cela est laissé à l'intelligence du chef ; c'est assurément trop de confiance lui accorder dans certains cas.

Les dispositions que prend une brigade prussienne contre la cavalerie diffèrent essentiellement des nôtres. La brigade ne forme pas de carrés échelonnés, mais simplement des carrés de bataillon, qui attendent la charge sur place, dans la position où ils se trouvent, et se retirent en arrière par les intervalles des lignes, comme dans le passage des lignes en retraite, les carrés restant formés.

Les changements de front, perpendiculaires ou obliques, s'opèrent au moyen des colonnes d'attaque, et constituent simplement un changement de direction sur un des bataillons de la première ligne, lequel sert de pivot. Dans ces mouvements, le bataillon de direction, pris tantôt aux ailes, tantôt au centre, exécute son mouvement sans s'inquiéter des autres bataillons ; ceux-ci se forment en colonne double et chacun se rend à son nouvel emplacement par le plus court chemin.

Les bataillons de la deuxième ligne se portent derrière le centre des intervalles de la première à la distance prescrite.

Enfin, il existe une formation qu'une brigade ne prend que dans des situations désespérées ; c'est la formation de la *brigade en masse*.

Dans ces circonstances, les bataillons se forment en ordre de *rassemblement* ; le commandant de la brigade désigne un bataillon sur lequel on doit serrer ; les autres serrent sur celui-ci, d'une manière analogue au déboîtement.

Le règlement recommande aux chefs de brigade de ne pas suivre à la lettre les règles de l'ordonnance, si le terrain, la disposition de l'ennemi ou d'autres circonstances demandent qu'on les modifie, mais de s'abandonner quelquefois à leurs propres inspirations.

Tel est, avec la dernière partie du règlement qui traite du *défilé*, chose considérée comme une des plus importantes, l'ensemble des manœuvres de l'infanterie prussienne.

Ce règlement prussien, quoique très-succinct, est rédigé avec beaucoup de clarté et on peut l'apprécier en deux mots : sobriété de mouvements et d'évolutions, précision dans les manœuvres et les évolutions.

Qu'on ne croie pas cependant que l'infanterie prussienne et ses manœuvres ne donnent prise à aucune critique.

On voit rarement dans les autres armées de l'Europe une aussi belle tenue, une immobilité aussi complète dans les rangs, une si grande perfection d'alignement que dans l'armée prussienne; mais une telle perfection est une véritable manie, presque de l'ostentation. Cet amour de parader se résume dans le *défilé*.

Le défilé, après les revues, se fait au son des tambours et des fifres, généralement par divisions à demi-distance; la cavalerie défile par escadrons, l'artillerie par batteries.

Les troupes marchent d'un pas rapide, dans un grand ordre, mais d'un pas tellement saccadé et raide, que cette cadence semble exagérée. Le soldat lance la jambe en avant en tendant le jarret et en baissant la pointe du pied avec une habileté qui est le fruit d'une longue étude et que nous ne possédons certainement point.

Lorsque plusieurs brigades défilent ensemble, la musique du premier régiment joue et se place en face de la personne devant laquelle on défile; elle y reste jusqu'à la fin du défilé, pour transmettre le pas aux musiques qui se succèdent, au moyen d'une certaine marche réglementaire particulière.

Un nouveau genre de défilé suit ordinairement le premier; il se fait en colonne par régiment. Les trois bataillons, chacun en colonne serrée, sont réunis côte à côte, les trois drapeaux en avant, tous les tambours en tête. Cette colonne massive, commandée seulement par un officier supérieur, se met en marche tout d'une pièce et offre un aspect très-imposant. Dans une grande réunion de troupes, comme celle de Cologne en 1861, par exemple, lorsqu'on défile, les princes, les ducs, les grands dignitaires, qui ont des régiments, défilent en tête des brigades auxquelles ils appartiennent. Le roi lui-même, l'épée à la main, défile en tête du régiment de Kœnigshüsaren, dont il est le colonel; il salue la reine en passant devant elle et vient se replacer ensuite à ses côtés.

Le défilé, en un mot, est la grosse affaire; c'est le plus beau tableau de la pièce, le coup de théâtre. On s'y prépare longtemps; tout y est prévu, réglé, les marches des tambours, les honneurs, saluts, etc., et tout s'y fait avec la même roideur, avec la même précision. La roideur des mouvements prussiens, la rigueur de leur discipline, contrastent singulièrement avec cette simplicité et cette bonhomie qui sont le fond du caractère allemand, et qu'on retrouve même dans certains usages de leurs armées (1).

A côté de ces quelques observations générales, il nous reste encore deux mots à dire sur les manœuvres prussiennes : c'est au sujet des colonnes serrées et des tirailleurs.

On fait abus en Prusse des colonnes serrées. Tous les mouvements s'exécutent par bataillons ployés en colonnes serrées; non-seulement la seconde ligne conserve habituellement cet ordre, mais souvent la

---

(1) Quand un chef, capitaine ou colonel, le roi lui-même, visite sa troupe le matin, ou vient pour la commander, il lui donne le bonjour en disant : « *Guten, morgen, leute*, à quoi la troupe répond en masse et à voix basse: *Guten, morgen capitaine* (ou *Majestät*). Il n'existe pas partout autant de courtoisie, même dans l'armée française.]

première ligne le conserve aussi ; les bataillons restant à intervalle de déploiement jusqu'au moment où elle doit faire feu. Les bataillons se déploient alors seulement. Cette habitude de manœuvrer avec des colonnes profondes, même sous le feu de l'ennemi, pourrait avoir de funestes conséquences devant un adversaire bien pourvu d'artillerie. Elle remonte, dit-on, à 1813 et 1814. A cette époque, l'armée prussienne comptait dans ses rangs un grand nombre de recrues et des régiments de landwehr ; afin de les tenir plus facilement dans la main du chef, on manœuvra souvent en colonnes serrées. Cette méthode ayant été couronnée de quelques succès, on la garda plus tard, lors même que les raisons qui l'avaient fait adopter eurent cessé. L'inconvénient de ces colonnes, il faut le dire aussi, est un peu corrigé par l'emploi des colonnes de compagnies.

Quant aux tirailleurs prussiens, leurs mouvements sont bien réglés, bien commandés, mais les hommes manquent d'entrain et d'initiative. Dans les exercices, leurs déploiements sont lents, ainsi que leurs ralliements, qui se font rarement au pas de course. L'emploi du fusil à aiguille, si commode à charger étant couché ou embusqué, devrait cependant faciliter à l'homme un genre de combat où le succès, souvent même son salut, dépendent de sa pénétration d'esprit et de la rapidité de ses mouvements.

On sent combien la discipline prussienne, qui contraint l'homme à une immobilité si parfaite, à un alignement si correct, à des mouvements si mesurés, doit entraver la vivacité des allures naturelles et nuire à cette initiative, cet élan, qui sont indispensables aujourd'hui à la guerre. Autant nos soldats dépassent les limites raisonnables de cette spontanéité, autant les Prussiens sont loin de les atteindre.

§ 8. — **Comparaison de ces manœuvres : 1° avec celles de Frédéric ; 2° avec celles qui furent adoptées après sa mort ; 3° avec celles de l'ordonnance de 1812.**

1° — Remontons maintenant aux premières années de la tactique moderne et examinons ce qu'étaient les manœuvres de l'infanterie prussienne à l'époque où, sous le commandement du grand Frédéric, elles faisaient dans les camps de Potsdam, l'admiration des militaires de tous les pays.

On sait combien, avant Frédéric, les armées allemandes étaient lourdes et difficiles à manier. Leurs manœuvres étaient si lentes qu'il fallait environ vingt-quatre heures à un corps de troupes considérable pour prendre position. Leurs exercices individuels étaient compassés, surchargés de mouvements superflus.

Frédéric substitua aux masses profondes *l'ordre mince;* afin de la rendre plus mobile, il fractionna son armée et simplifia les manœuvres, de telle sorte que les plus longues évolutions devinrent aussi rapides que précises.

Il s'attacha particulièrement, dans l'instruction de ses troupes, à la perfection des mouvements individuels, persuadé que c'est de leur bonne exécution que dépend l'harmonie des mouvements d'ensemble. Il rechercha aussi la rectitude des alignements, la précision du maniement d'armes et la simultanéité des feux.

Son infanterie était placée sur deux lignes, et sur

trois rangs dans chaque ligne, avec une distance de quatre pas entre les lignes.

Les régiments se composaient de deux bataillons; le bataillon se divisait administrativement en six compagnies : cinq de fusiliers et une de grenadiers, et tactiquement en dix pelotons, huit de fusiliers et deux de grenadiers.

Les pelotons avaient ordinairement vingt-trois à vingt-quatre files et deux pelotons formaient division.

Les deux pelotons de grenadiers étaient en dehors, afin de pouvoir être détachés facilement; ils se plaçaient à cinq pas d'intervalle des premiers.

Une partie des officiers de fusiliers étaient à quatre pas en avant du front de la troupe, dans l'ordre d'ancienneté; le reste, avec les bas officiers, se plaçait derrière le troisième rang.

Ainsi, à l'exception des grenadiers, les soldats n'étaient pas ordinairement sous les ordres directs de leurs propres officiers.

Voyons maintenant à quelles règles tactiques ces troupes étaient soumises.

Tout d'abord, il n'existe pas dans ce règlement d'école de soldat, ni d'école de peloton. Les recrues sont exercées par leurs capitaines, au port d'arme, aux différents pas, et au maniement des armes dont les mouvements sont à peu de chose près les mêmes que les nôtres, à l'exception de *l'arme au bras, descendre l'arme, l'arme sur l'épaule droite* et *l'inspection des armes*, qui ne sont pas encore connus.

Dans tout, on exige une grande régularité, une grande fixité. De même que dans notre instruction, le talon gauche ne doit jamais bouger de place. Le demi-tour individuel se fait aussi bien à gauche qu'à droite.

La cadence et le cliquetis des armes sont très-recherchés ; ainsi le soldat élève fréquemment le talon droit pour frapper à terre, afin d'accompagner le mouvement, en même temps qu'il saisit aussi avec bruit l'arme ou la giberne.

L'école de bataillon se borne au maniement d'armes et aux feux.

Le bataillon étant formé, l'alignement se prend toujours à droite.

Les commandements que l'on emploie pour le faire manœuvrer, sont les mêmes que ceux qui servent à l'instruction des recrues.

Quand le régiment est réuni, les feux sont commandés par le général, placé devant le premier bataillon ; le colonel, placé devant le deuxième bataillon, répète les commandements.

Les feux sont de quatre espèces :

1° Le feu de pied ferme ;
2° Le feu de charge ;
3° Le feu de retraite ;
4° Le feu de parapet.

Ils s'exécutent par peloton ou par division, en commençant toujours par la droite.

Le premier rang met genou en terre, les deux derniers serrent sur le premier et appuient à droite, pour tirer par les intervalles. Les officiers reculent et se placent au premier rang, aux ailes des pelotons. Les grenadiers ne font feu qu'après le bataillon.

Dans le *feu de pied ferme*, les subdivisions tirent

alternativement, dans l'ordre suivant : la première d'abord, après elle la dernière, la seconde ensuite, puis l'avant-dernière, et ainsi de suite.

Le *feu de charge* (ou en avançant) s'exécute ainsi : la première subdivision se porte en avant, à vingt ou trente pas, tire, recharge et se porte de nouveau en avant ; la dernière en fait ensuite autant ; la seconde, puis l'avant-dernière, et toutes les autres successivement agissent de la même manière. Le feu cesse au commandement de :

Halte. = *Alignez-vous.*

Le *feu de retraite* est l'inverse du précédent ; les subdivisions tirent et se portent en arrière, dans l'ordre cité plus haut.

Le *feu de parapet* s'exécute dans tous les pelotons à la fois, par la droite de chaque demi-peloton. Les files s'avancent successivement, deux par deux, de six pas en dehors de l'alignement, se placent sur deux rangs, savoir : l'homme de droite du second rang à la droite de l'homme de droite du premier rang, et les deux hommes du troisième rang à la droite de l'homme resté au second rang. Elles font feu, rentrent au bataillon pour recharger, et se reportent de nouveau en avant, jusqu'à ce que le chef fasse cesser le feu.

Cette méthode, comme son nom l'indique, ne pouvait guère être pratiquée que derrière un obstacle, car elle avait le grave inconvénient de rompre l'ordre de bataille. Quant au feu de charge, qui avait le même défaut, il se confondait habituellement avec la marche en bataille, qui était alors une marche en avant en échelons par pelotons.

Les évolutions principales du règlement de Frédéric sont :

La formation du carré ;
Rompre le carré ;
Rompre en colonne ;
Marcher en colonne ;
Formation d'une ligne à gauche en bataille ;
Dispersion du bataillon et son ralliement.

La formation du carré s'exécute sur le centre de la ligne de deux bataillons par le reploiement en arrière des subdivisions des ailes. Nous l'avons exposé ailleurs (1).

On rompt en colonne par la conversion à pivot fixe des pelotons. Cette conversion se fait à droite : le pivot étant au centre, la gauche des pelotons se porte en avant, pendant que la droite se porte en arrière. Les rangs serrent à deux pas lorsque la conversion est achevée. — Dans ce mouvement, les pelotons rompent à droite, pour que la droite soit toujours en tête, et le guide se prend toujours à droite.

Les colonnes sont à distance entière. Lorsqu'elles marchent, les changements de direction sont successifs et s'exécutent au moyen de conversions à pivot fixe.

On augmente le front de la colonne en formant les divisions : les pelotons pairs se portent à la gauche des pelotons impairs, en marchant par le flanc jusqu'à la hauteur de leur place, en faisant ensuite face en tête et puis en se portant sur l'alignement de l'autre peloton, en allongeant le pas.

____

(1) Voyez *Conférence sur les carrés*, par E. T., chez Dumaine.

Pour diminuer le front de la colonne (rompre les divisions), les pelotons impairs exécutent le même mouvement en sens contraire.

La formation à gauche en bataille se fait par une conversion à pivot fixe, chaque subdivision ne commençant son mouvement que lorsque celle qui la précède a achevé le sien.

Telles sont les principales dispositions du règlement de manœuvres de Frédéric avant la guerre [de Sept-Ans.

2°—Après sa mort, en 1786, les évolutions étaient devenues aussi nombreuses qu'elles le sont maintenant; ce sont leurs principes qui, transportés dans nos règlements de 1788 et de 1791, ont été suivis pendant les guerres de la Révolution et de l'Empire.

Voici les mouvements ajoutés à l'ancien règlement de Frédéric :

Manœuvres de peloton isolé et manœuvres de bataillon également isolé ;

Contremarche par files d'un peloton, ou par le flanc ;

Contremarche de tout un bataillon par files ou par pelotons, ou encore simultanément par le flanc droit et le flanc gauche ;

La marche oblique individuelle par un demi-à-droite ;

La marche oblique d'un peloton par une conversion d'un huitième de circonférence ;

La marche en bataille du bataillon sans faire feu ;

Conversion de bataillon en marchant ;

Changement de front sur l'aile gauche ;

Changement de front central ;

Changement de front oblique sur le centre ;

Ploiement des colonnes serrées sur un peloton central ou extrême :

Même ploiement pour faire face en arrière ;

Déploiement des masses ;

Déploiement par masse ;

Prendre les distances ;

Passer le pont (le défilé) ;

Passer le défilé en arrière par le flanc ;

Passage des lignes en avant et en retraite, par des mouvements de flanc des pelotons : — les trois dernières files de chaque peloton de la ligne laisse la place pour traverser en se portant en arrière.

Presque tous ces mouvements se sont conservés jusqu'à nos jours sans changements. Il en est d'autres, au contraire, qui n'existent plus, du moins dans nos théories, et qui méritent d'être mentionnés, ce sont les suivants :

1º Changement oblique sur le centre, interrompu par une charge de cavalerie.—La troupe prend provisoirement, pour résister, un ordre en ligne brisée et fait feu.

2° Rompre en colonne par un changement de front des pelotons.—Chaque peloton fait le mouvement de *Par peloton en ligne*, que nous avons dans notre école de peloton.

3° Rompre en colonne par pelotons pour marcher perpendiculairement en avant. — Si le bataillon doit marcher du côté du premier peloton, celui-ci se porte en avant et les autres marchent par le flanc droit jusqu'à hauteur de l'emplacement du premier. Là ils font à gauche et suivent en colonne la direction du premier.

4° Formation en avant en bataille sur un peloton central. — Les trois premiers pelotons changent de direction à droite et se forment à gauche en bataille, le quatrième peloton se porte droit devant lui sur la ligne de bataille, les quatre derniers suivent le quatrième, changent de direction à gauche et se forment sur la droite en bataille.

5° Formation en avant en bataille sur le bataillon du centre d'une colonne de trois bataillons.

6° Les changements de front sur deux lignes.

7° De quatre bataillons en faire six avec le troisième rang dans le but d'étendre la ligne. — Le troisième rang de chaque bataillon fait face en arrière, marche quelques pas et rompt par pelotons. Les pelotons serrent ensuite dans chaque bataillon, de manière que chaque peloton impair serve de premier rang, et chaque peloton pair de second rang; on a ainsi quatre pelotons par bataillon. En faisant serrer les distances, on a seize pelotons ou deux bataillons sur deux rangs, que l'on établit sur la ligne en les formant sur la droite ou sur la gauche en bataille.

On voit par ce qui précède, combien on était déjà avancé dans l'art des manœuvres du temps de Frédéric, combien de moyens variés étaient à la disposition d'un général qui avait à faire manœuvrer une troupe d'infanterie.

Remarquons, en terminant cet aperçu sur l'infanterie prussienne, qu'une des manœuvres le plus fréquemment employée aujourd'hui et l'une des plus avantageuses est précisément une des plus anciennes, c'est le déploiement des colonnes serrées par la méthode dite *en tiroir*, imaginée par Frédéric, pour passer rapidement de l'ordre profond à l'ordre mince. Il en est d'autres encore que nous croyons nouvelles qui datent de ce temps. Pour en citer une seule très-simple, mentionnons celle qui a pour but *de rompre en colonne* pour continuer à marcher, adoptée par nos chasseurs (ordonnance de 1845), et introduite dans l'instruction de 1862. On sait que dans ce mouvement les pelotons ne s'arrêtent pas après avoir fait un quart de conversion, mais se dirigent en avant ; cette manière de rompre, prescrite aussi par l'ordonnance de cavalerie de 1829 et par celle de l'an IV, était constamment employée dans l'infanterie de Frédéric. — Il ne manque qu'une chose à ce mouvement pour qu'il soit parfait : il faudrait que la première partie du commandement fût toujours la même et que la seconde *halte*, soit faite, comme le commandement *en avant*, par le chef de bataillon seulement.

Les manœuvres prussiennes, telles que nous venons de les exposer, n'ont été modifiées qu'en 1812.

3°—Les troupes de Frédéric léguèrent à leurs descendants l'esprit militaire qui les distinguait et leur habileté dans les manœuvres, et cependant les solides bataillons prussiens de Valmy furent rompus par les baïonnettes de nos volontaires de 1793, et, plus tard, par nos conscrits de 1806 et de 1807. Aussi, après la paix de Tilsitt, le Gouvernement, voyant la faiblesse de son infanterie, chargea une commission, que présidait le prince de Prusse, de rédiger une ordonnance nouvelle qui fût en rapport avec les progrès de la tactique.

Cette ordonnance, définitivement adoptée en 1812,

a servi de type à celle qui est en usage actuellement.
C'est un tout petit volume de 150 pages au plus,
dans lequel nous trouvons les exercices et les manœuvres du règlement de 1847. On y trouve même
déjà la formation du carré plein, de nombreux mouvements de tirailleurs, et enfin l'innovation impor-
tante de l'École de brigade.

Les principes de l'École de brigade ont été repro-
duits en entier dans le nouveau règlement, à l'exception de quelques notions sur la formation et l'emploi
de la cavalerie jointe aux brigades, et sur les dispositions à prendre contre la cavalerie.

Nous n'insisterons donc pas davantage sur l'ordonnance de 1812.

II

Manœuvres de l'infanterie autrichienne.

———

§ 1. — Composition de l'infanterie autrichienne. — Régiments de frontières.

L'Autriche, puissance militaire de premier ordre, entretient, même en temps de paix, une armée nombreuse. Sa force publique présente trois éléments distincts : *l'armée active*, la *réserve*, les *confins militaires*.

L'armée active est partagée en quatre commandements d'armée, dont les quartiers généraux sont : Vienne, Véronne, Bude et Lemberg. Ces commandements se subdivisent en 9 divisions ou généralats et 15 corps d'armée. Les corps d'armée comprennent des troupes de toutes armes.

Les troupes de l'Empire qui composent l'infanterie,

sont : 1 compagnie d'archers, 1 compagnie de trabans, garde particulière de l'Empereur ;

80 régiments d'infanterie de ligne de 3 bataillons à 6 compagnies ;

32 bataillons de chasseurs de campagne ;

1 régiment d'infanterie légère dit *chasseurs tyroliens*, à 8 bataillons ;

12 compagnies de troupes sanitaires ;

14 régiments d'infanterie des frontières ou *confins militaires*, à 3 bataillons de 6 compagnies.

Les régiments d'infanterie ont 2 colonels, 1 colonel propriétaire et 1 colonel commandant ; l'état-major d'un régiment comprend en outre 1 lieutenant-colonel, 3 ou 4 majors (grade de commandant), 1 adjudant de régiment et 3 adjudants de bataillon du grade d'officier.

L'infanterie, comme le reste de l'armée, se recrute par engagements volontaires et par conscription ; le temps de service varie suivant les provinces. Les hommes envoyés en congé illimité et ayant encore quelques années à faire forment la réserve.

Dans les *confins militaires* (militar-grânze), ce service dure toute la vie,

On appelle confins militaires une grande bande de territoire qui s'étend depuis l'Adriatique, entre la Dalmatie et la Croatie, jusqu'aux frontières occidentales de la Transylvanie, en suivant la rive gauche de la Save et celle du Danube, Sa population peut être évaluée à 1,600,000 individus, et doit fournir en temps de guerre 60,000 soldats.

Les habitants de ce territoire sont à la fois agriculteurs et soldats ; ils vivent du produit de leurs troupeaux et de leurs champs, sont enrégimentés et administrés militairement.—Les invasions continuelles que faisaient autrefois les Turcs sur le territoire obligèrent l'empereur Rodolphe et la Diète germanique, vers 1576, à garnir la frontière d'une population qui eût un intérêt direct à sa défense et à sa conservation ; ils concédèrent des terres à toutes les familles qui voulurent s'y établir, moyennant une faible redevance, des prestations en nature, et à la condition que les habitants seraient perpétuellement organisés pour la guerre, qu'ils garderaient la frontière et fourniraient à l'Empereur un certain nombre de troupes.

Jusqu'en 1750, ils ne furent employés que contre les Turcs, mais Marie-Thérèse, pendant la guerre de Sept-Ans, les appela à combattre à côté des troupes régulières et cet usage s'est continué depuis. Aujourd'hui, ils peuvent être considérés comme une réserve nationale.

Ils sont répartis dans le territoire suivant les ressources du pays et la force des familles ; les subdivisions territoriales, ou cercles, correspondent à des unités d'organisation militaire et administrative.

Une famille est composée de plusieurs ménages et comprend quelquefois jusqu'à 60 individus ; plusieurs familles constituent une *compagnie*. La compagnie est commandée par un capitaine qui réside au centre, et en a l'administration ; il est aidé du lieutenant *d'économie*. Il la réunit tous les quinze jours. Le chef de famille administre la famille ; il pourvoit aux besoins de tous les membres, fait cultiver les terres qui sont en commun, habille les soldats, etc. Il tient des registres où sont inscrits les bestiaux et les terres que possède la famille, les corvées et impôts qu'elle doit, etc. Il fait exécuter, sous la direction du lieutenant *d'économie*, les travaux publics, ceux de la culture, les semailles, etc.

Six compagnies forment un bataillon; le chef de bataillon réside au centre de son bataillon; il le réunit tous les trois mois. Le colonel habite au centre du régiment et le voit en détail une fois l'an; un conseil d'administration l'aide dans l'administration et le commandement de son régiment.

Ces régiments fournissent, en temps de paix, un service de surveillance le long de la frontière, appelé *cordon militaire*, qui exige au moins 4000 hommes de service. — En temps de guerre, ils se joignent à la réserve.

Cette organisation toute particulière, a son analogue en Russie, dans les colonies militaires. Rien de semblable n'existe ailleurs; c'est pour cette raison que nous sommes entré dans quelques détails à ce sujet.

L'armée autrichienne ne doit pas être jugée sur les malheurs qu'elle a éprouvés en 1859. Elle est vaillante et bien organisée; elle possède de grandes qualités militaires qui, jointes à l'esprit belliqueux des populations, aux ressources nombreuses du Gouvernement, ont toujours permis à l'Autriche, même après ses plus grands désastres, de réparer ses pertes et d'effacer le souvenir de ses défaites.

Mais le défaut général de la monarchie autrichienne, ce manque d'homogénéité qui provient d'une agglomération mal unie de peuples de tous pays et de langues variées, se retrouve, avec les plus fâcheuses conséquences, dans l'armée, et c'est là un des grands inconvénients du système militaire autrichien.

L'infanterie autrichienne, en particulier, est bien disciplinée et bonne manœuvrière. Après les manœuvres prussiennes, ce sont les siennes qui offrent le plus d'intérêt.

§ 2. Les trois règlements de l'infanterie. — Règlement de dressage.

Les Autrichiens admettent dans leurs manœuvres quelques principes de tactique différents des nôtres.

Le paragraphe suivant a pour objet de faire connaître le caractère général des manœuvres de leur infanterie, et de montrer, dans une revue rapide, les différences les plus importantes qu'elles présentent avec celles de sa redoutable rivale, l'infanterie française.

L'ordonnance autrichienne comprend trois règlements :

1° *Le Règlement de dressage* (das Abrichtungs-Reglement);

2° *Le Règlement d'exercices* (das Exercir-Reglement) ;

3° *Le Règlement de manœuvres* (das Manövrir-Reglement).

Les deux premiers datent de 1851 et le troisième de 1853 ; ils ont remplacé l'ancienne ordonnance de 1807 qu'avait rédigée l'archiduc Charles. — Le dernier a été expérimenté au camp d'Olmutz où il a été adopté. On pense qu'il a été inspiré par le maréchal Radetzki, et que le général baron de Hess, chef du corps d'état-major, est son principal rédacteur.

Le règlement de dressage sert à former le soldat de recrue, depuis le moment de son entrée au corps jusqu'à son admission au bataillon. Il comprend tous les mouvements de l'homme isolé; il enseigne l'usage du fusil, les règles de tir, l'escrime à la baïonnette et les exercices des tirailleurs. Il contient, en outre, tous les mouvements que peut faire un peloton.

Nous résumerons d'abord quelques dispositions relatives à un peloton.

Le peloton se forme sur *trois rangs*, les hommes les plus grands au premier rang et au troisième rang, les plus petits au deuxième; la distance entre les rangs est égale à deux largeurs d'homme, et se compte de la ligne des talons de l'homme du premier rang à la ligne des talons de celui qui est derrière.

La *marche de flanc*, telle que nous l'entendons, s'emploie rarement; elle sert seulement dans quelques mouvements du bataillon, particulièrement dans les ploiements, dans la contre-marche. On fait usage à sa place, dans les autres circonstances, de la *colonne par doubles files*, dont voici le mécanisme : lorsqu'un peloton fait à droite, les soldats des files paires viennent se placer à la gauche de ceux des files impaires ; présentant ainsi un front de six hommes. Remarquons que la distance entre les rangs a été fixée à deux épaisseurs d'homme pour rendre ce mouvement plus facile.

Cette disposition exige, comme la marche par le flanc de nos chasseurs, le numérotage des files, opération sans cesse renouvelable, et par cela même fort incommode, mais elle est plus simple que cette dernière : les hommes ne se croisent pas pour se placer, ils font simplement un à droite par deux dans chaque rang.

Le peloton étant sur six de front, on peut le remettre en bataille, pour marcher dans une direction quelconque. Si l'on veut l'établir face en arrière en bataille sur la tête de la colonne, il faut le former en ligne par la droite, le troisième rang en avant, et lui faire faire ensuite demi-tour. Le peloton se trouve dans l'ordre naturel aussitôt que le mouvement est terminé.

La *contremarche* existe de fait, toutefois ce mot est inconnu dans le vocabulaire militaire autrichien. Elle s'exécute comme la nôtre, mais au simple commandement de : *Changement de front et d'aile.*

La *marche oblique en bataille* sert constamment dans les évolutions, et on y exerce longtemps les soldats.

Les *conversions à pivot fixe* n'existent pas. — Elles sont remplacées par le mouvement que nous appelons *par peloton en ligne* que l'on emploie dans beaucoup de circonstances, par exemple pour rompre un bataillon en colonne et pour le remettre en bataille. Ainsi, pour rompre en colonne, on commande :

1. *Par peloton à droite;* — *Marche.*

Le guide de droite fait à droite, les hommes font un demi à droite individuel, et, au commandement de *marche*, le peloton se forme par peloton en ligne, autrement dit en avant en bataille par files ; il occupe alors une ligne perpendiculaire à son ancien front.

Les *feux* sont de deux sortes :

1° *Le feu de ligne*, dans lequel les deux premiers rangs seuls tirent, le second se rapprochant pour cela du premier par un pas oblique à droite.

2° *Le feu de carré* qui s'exécute sur quatre rangs, le deuxième seul tirant avec les armes des deux rangs placés derrière lui.

§ 3. Règlement d'exercices.

Ce règlement correspond à notre École de bataillon.

Le bataillon comprend trois divisions : la division deux compagnies, et la compagnie quatre pelotons ; par conséquent, le bataillon autrichien est composé de vingt-quatre pelotons. Ces pelotons sont numérotés de la droite à la gauche dans la compagnie de droite de chaque division, de la gauche à la droite dans la compagnie de gauche.

Une compagnie est souvent désignée dans le règlement par la dénomination de *demi-division*, le peloton par celle de *demi-compagnie*.

Chaque compagnie comprend :

1 Capitaine commandant ;
1 Lieutenant :
1 Sous-lieutenant de 1re classe ;
1 Sous-lieutenant de 2° classe ;
2 Sergents-majors (Feldwebel) ;
12 Sergents et caporaux (sous-officiers) ;
12 Exempts (gefreite) ;
180 ou 200 fusiliers, dont 16 carabiniers (20 dans les compagnies des régiments de frontières) ;
2 Clairons ;
2 Tambours ;
2 Sapeurs.

Le tout donnant environ un effectif total de 216 à 236 hommes.

L'état-major du bataillon se compose de :

1 officier supérieur (lieutenant-colonel ou major), commandant le bataillon ;

1 sous-lieutenant, adjudant de bataillon ;

3 porte-drapeau, dont un seul est employé pendant les manœuvres ;

1 clairon;

1 tambour-maître.

En prenant 200 pour le nombre maximum des fusiliers d'une compagnie, les pelotons seront forts de 50 hommes, c'est-à-dire de *seize files* au plus. On suppose, dans le règlement, qu'ils sont de *dix files*; ils sont donc à peu près de la force de nos sections.

Pour compléter ces données sur l'organisation tactique du bataillon autrichien, il nous suffit d'ajouter qu'à chacune des ailes des demi-compagnies, au troisième rang, se trouvent répartis, par quatre ou cinq, les 16 soldats armés de carabines de chaque compagnie. Ils sont destinés au service de tirailleurs. Ces hommes augmentent l'effectif du bataillon d'une troupe de 96 à 120 tireurs d'élite.

La composition d'un bataillon autrichien étant connue, nous allons examiner les alignements, la formation des colonnes, la marche en bataille, les carrés, etc.

Les *alignements* sont tracés dans un bataillon par le drapeau et par les *officiers de drapeau*, qu'il ne faut pas confondre avec les trois porte-drapeau. Ces officiers de drapeau peuvent être considérés comme les guides généraux du bataillon. Ils sont au nombre de quatre par bataillon ; deux d'entre eux encadrent le

porte-drapeau et les deux autres se placent à la droite
ou à la gauche du bataillon au premier rang.

Le bataillon s'aligne d'après les mêmes principes
que le bataillon français.

Les Autrichiens ploient un bataillon en colonne de
plusieurs manières : 1° par pelotons; 2° par demi-
compagnies; 3° par compagnies.

La colonne peut être formée à distance entière, à
demi-distance, à distance serrée et en masse, la droite
où la gauche en tête. — Enfin, on la forme aussi sur
les deux demi-compagnies du centre.

La colonne serrée par compagnie est la colonne de
manœuvres. Dans cette formation, la distance entre le
troisième rang d'une compagnie au premier rang de
la suivante est de trois pas.

Dans la colonne *serrée en masse*, les compagnies
sont à distance de rang. — Cette formation est particulière à l'infanterie autrichienne.

Les ploiements s'exécutent comme les nôtres. On
emploie la marche de flanc, c'est-à-dire sur trois
rangs, et non la marche par doubles files. D'un autre
côté, les déploiements des colonnes simples ou
doubles se font en tiroirs, mais au moyen de la
marche par doubles files. Lorsque les compagnies se
sont prolongées dans le sens de la ligne de bataille
(à droite ou à gauche), elles se remettent en bataille
par doubles files (à gauche ou à droite), au commandement de :

Compagnie=Front,

fait par le lieutenant, ou le sous-lieutenant, placé à
la gauche de la compagnie. Le même officier arrête

la compagnie quand elle arrive sur la ligne de bataille.

Les Romains, dit Montesquieu, ne dédaignaient pas d'adopter les usages des peuples qu'ils avaient vaincus; de même, nous empruntons parfois aux armées étrangères ce que nous trouvons avantageux. Ainsi, la colonne de division introduite récemment dans nos manœuvres d'infanterie n'est qu'une imitation de celle des Autrichiens. Ceux-ci l'emploient lorsque leurs bataillons ont un effectif considérable.

Ils la forment par demi-compagnie dans chaque division, sur la droite ou la gauche, ou sur les deux pelotons du centre. Le bataillon présente alors trois petites colonnes parallèles qui peuvent se déployer avec beaucoup plus de rapidité qu'une colonne de bataillon.

« Lorsqu'elles attaquent l'ennemi, celui-ci voyant « partout des têtes de colonnes, est surpris; son at- « tention se divise. Le feu de son artillerie s'épar- « pille. Ces petites masses, alertes, peu profondes, « arrivent sur la position ennemie sans presque avoir « fait de pertes. »

Lorsque le terrain est resserré, embarrassé de haies, de broussailles, de fossés, les Autrichiens, au lieu de la marche en bataille, emploient la colonne de compagnie usitée aussi en Prusse et la marche par compagnies parallèles par le flanc. Nous avons encore imité cette formation dans l'instruction du 13 février 1861.

Leur colonne de compagnie s'établit sur le peloton de droite ou sur celui de gauche seulement, à distance serrée.

5.

Nous remarquerons au sujet des colonnes errées :

1° Que les changements de direction en marchant s'exécutent comme ceux de nos bataillons en masse, avec cette différence que le pivot décrit un arc de six pas ;

2° Que les changements de direction, lorsque le bataillon est de pied ferme, au contraire, diffèrent des nôtres : — le chef de bataillon commande :

Bataillon, à droite, conversion=Marche.

Le mouvement s'exécute alors par le front des subdivisions et non par le flanc ;

3° Que, dans les colonnes serrées en masse, la contre-marche n'est pas possible et ne se fait pas.

Un bataillon autrichien n'a pas seulement la faculté de se fractionner en petites colonnes séparées, parallèles, pour marcher en avant; il peut aussi former plusieurs *échelons* avec ces colonnes, l'aile droite ou l'aile gauche en avant : chaque échelon se compose d'une division en colonne serrée par demi-compagnie.

La *marche en bataille* donne lieu à plusieurs observations.

Elle est dirigée par quatre officiers de drapeau qui sont à six pas en avant du front, tenant ainsi lieu de nos guides généraux, les mêmes qui servent à tracer les alignements.

Lorsque le bataillon rencontre un obstacle, la division devant laquelle se trouve l'obstacle raccourcit le pas pour marcher par le flanc derrière l'aile gauche du peloton qui est à sa droite ; elle fait par le flanc droit, par file à gauche, dans le demi-bataillon de gauche, l'inverse dans l'autre demi-bataillon.

Outre les changements de front qui nous sont habituels, les Autrichiens font aussi le changement de front sur un peloton du centre. Ce mouvement existait déjà dans notre ordonnance de 1791 ; il a été reproduit dans notre instruction de 1861 et dans celle de 1862. On l'avait supprimé parce qu'il semblait inutile ; avait-on eu raison ? Avons-nous raison de le faire revivre ? C'est ce qu'il serait difficile de déterminer, malgré l'autorité du règlement autrichien, malgré celle du règlement belge et celle de l'ordonnance de nos chasseurs.

Le règlement d'exercice donne de grands développements à l'instruction sur les tirailleurs. Il indique la manière de les employer suivant la nature du pays, dans les attaques, dans les retraites, de les combiner avec ceux de la cavalerie, etc. Les tirailleurs sont fournis par le troisième rang et par les *carabiniers*; mais on exerce à leurs mouvements tous les soldats.

Dans le combat, une troupe qui tiraille ne met en ligne qu'un quart de sa force ; un quart sert de soutien, et la seconde moitié reste en réserve. Les carabiniers sont toujours en rapport intime avec le bataillon ; ils servent d'éclaireurs dans les marches, soutiennent les batteries, fouillent les localités qui pourraient recéler des embuscades, veillent, en un mot, continuellement sur leur bataillon. Leur service est donc tout spécial. Ils sont aux ordres du chef de bataillon et sont surveillés et conduits par des officiers dits *officiers de carabiniers*. Un bataillon compte trois de ces officiers.

On trouve dans ce règlement des règles détaillées sur les attaques à la baïonnette. Il recommande de les faire en ligne, pour chasser l'ennemi d'une position, surtout avec des troupes d'un moral supérieur à celui de l'ennemi; au contraire d'attaquer en colonne lorsqu'il s'agira de donner à sa troupe une grande solidité et lorsqu'on aura à craindre la cavalerie. Cette disposition permettra de se former en carré, de se défiler derrière un pli de terrain, un bouquet d'arbres, une haie, plus facilement qu'avec une troupe en ligne.

Il prescrit surtout de ne point s'arrêter pour répondre au feu de l'ennemi lorsqu'on attaquera, et il ajoute : « Qu'une troupe attaque en colonne ou dé-
« ployée, il faut qu'elle soit soutenue par une réserve
« toujours en colonne, qui marche à 150 ou 200 pas
« en arrière du centre. Si l'attaque est faite par un
« bataillon, cette réserve pourra être forte du tiers
« au moins du bataillon, soit une division. Il sera,
« en outre, fort avantageux de placer, à environ
« 50 pas en arrière des ailes de la partie attaquante,
« des subdivisions de soutien qui pourront chercher
« à déborder l'ennemi; etc... Le rôle de la réserve
« est passif; elle recueille les combattants en cas
« d'échec. Les circonstances exigent-elles que vous
« attendiez de pied ferme une attaque à la baïonnette,
« vous ferez déployer votre monde, et vous accueil-
« lerez l'ennemi par des feux de bataillon. Après
« le dernier feu, donné à 50 pas environ, vous ferez
« croiser la baïonnette, et incontinent vos hommes

« courront sus aux assaillants, avec ensemble, si
« c'est possible, avec impétuosité toujours.

« Cette manière hardie de marcher à l'ennemi
« après une décharge faite à bout portant, vous
« pourrez même l'employer, et presque toujours
« avec succès contre la cavalerie ; il faudra alors que
« vos troupes soient formées en colonne serrée et
« que vos flancs soient assurés. Rien n'impose à la
« cavalerie comme une masse d'hommes marchant
« à elle baïonnettes croisées. Soyez convaincu que
« les chevaux ne pourront résister à pareil spectacle,
« et que, le plus souvent, l'affaire sera décidée avant
« que la baïonnette ait parlé. »

Tel est, en résumé, ce que le règlement d'exercice
offre de plus important à noter. Passons maintenant
au règlement de manœuvres.

§ 4. Règlement de manœuvres.

Le règlement de manœuvres des Autrichiens correspond à nos évolutions de ligne.

Il renferme tous les mouvements dont est susceptible une brigade, ainsi que les évolutions de plusieurs brigades et celles des divisions; on y a indiqué, en outre, le rôle de l'artillerie.

Faisons d'abord connaître l'organisation des brigades et des corps de troupes considérables.

Le bataillon est l'*unité tactique*.

Trois bataillons composent un régiment; en général, le premier et le deuxième comprennent trois
divisions (six compagnies); le troisième n'en comprend que deux (quatre compagnies). En outre, il y

a par régiment deux compagnies de grenadiers qui ont une destination spéciale.

La brigade commandée par un brigadier est forte de quatre ou cinq bataillons, de six exceptionnellement et d'une batterie montée de huit pièces.

Les troupes d'une brigade peuvent être entièrement d'infanterie de ligne, ou d'infanterie légère ou bien encore de parties de l'une et de l'autre de ces armes.

Deux ou trois brigades constituent une division.

Lorsque l'artillerie aura un rôle important à jouer, on adjoindra à la division un détachement de cavalerie pour protéger les batteries.

Si une division doit agir isolément, outre ce soutien de cavalerie, une réserve d'artillerie, proportionnée à sa force, lui sera nécessaire.

Un corps d'armée en Autriche doit renfermer assez de troupes de toute espèce pour que sa marche et son action soient indépendantes.

Il y aura ordinairement quatre à cinq brigades, plusieurs régiments de cavalerie, une réserve d'artillerie et des troupes du génie et d'ambulance, en proportion suffisante.

Le règlement de manœuvres exige que ses prescriptions soient suivies; mais il prévient qu'en présence de l'ennemi, elles ne doivent être que des jalons servant à diriger les troupes en raison des obligations imposées par la tactique; leur application est alors abandonnée à l'arbitraire du chef et leur réussite dépend de son coup d'œil, de son expérience, de son inspiration et de son génie.

Rien de plus sage, rien de plus prévoyant ! l'opportunité d'une manœuvre reconnue, on ne doit pas être arrêté par l'observation rigoureuse , souvent très-difficile, même impossible du règlement.

Un des caractères particuliers des évolutions de l'infanterie autrichienne, c'est l'indépendance très-grande que possèdent les bataillons dans les mouvements. Ils ne se meuvent pas avec la même symétrie et la même uniformité que leurs pelotons ; au contraire, prenant la forme la plus simple, la plus appropriée à ce qu'ils ont à faire, ils arrivent toujours par la ligne la plus courte sur les points qu'ils doivent occuper. De là résultent une grande mobilité, une grande rapidité et en même temps une extrême simplicité dans les manœuvres d'un corps de troupes considérable.

Notez aussi que, si une troupe combat ou est prête à combattre, cette indépendance des unités tactiques n'empêche pas de conserver entre les deux lignes les rapports les plus intimes ; ainsi la deuxième suit toujours la première pour la soutenir. La réserve seule n'est pas astreinte à suivre aussi rigoureusement les mouvements de ces deux lignes. Elle doit agir selon les événements et être prête à se porter où son concours devient nécessaire.

Le règlement de manœuvres est divisé en *seize chapitres* où sont expliqués successivement : les dispositions générales concernant les ordres de formation de troupes ; les évolutions en ligne, en colonne ; les déploiements et les marches ; les formations défensives ou en carré ; les changements de position (changement de front, échelons) ; les marches en retraite ; enfin, les règles pour les feux, les attaques à la baïonnette, les combats de tirailleurs, l'emploi de la cavalerie et celui de l'artillerie.

Nous suivrons dans cette analyse l'ordre des chapitres.

Dispositions générales. — Elles indiquent l'espèce de formation à donner aux troupes suivant la configuration du terrain et le but qu'on se propose, etc.

Il y a deux ordres de formation générale pour une brigade, et pour tout corps de troupes considérable : *l'ordre de combat et l'ordre concentré* (1).

Dans le premier, qui sert lorsque les troupes doivent prendre part au combat, toutes les parties sont déployées.

Dans le second, qui s'emploie quand on est dans l'attente de mouvements ultérieurs ou quand il s'agit de se ranger sur un espace restreint, les bataillons et les batteries sont condensés autant que possible et se meuvent en masse compacte.

Les brigades occupent toujours deux lignes, dans l'un ou l'autre ordre.

En général, s'il y a trois bataillons dans une brigade, un seul sera en deuxième ligne; s'il y en a quatre, deux seront en deuxième ligne; enfin, dans les brigades de cinq ou six bataillons, un ou deux d'entre eux seront en troisième ligne comme réserve.

Le commandant répartit ses bataillons dans les deux lignes comme il l'entend, néanmoins les bataillons d'un régiment sont autant que possible dans l'ordre successif de leurs numéros.

---

(1) Gefechts aufstellung. — Concentrirte aufstellung.

Ordre de combat.—La première ligne est composée de bataillons déployés, lorsqu'on doit faire face à l'ennemi ou quand on est à portée du canon ; elle est formée de bataillons en colonne, ayant entre eux intervalle de déploiement, lorsqu'il s'agit de se porter en avant pour attaquer, ou quand on est dans la nécessité de manœuvrer sur un terrain resserré.

L'intervalle entre les bataillons est de 12 pas.

La distance entre les deux lignes est de 150 pas, mais elle peut varier devant l'ennemi. Les bataillons de la deuxième ligne sont toujours en colonne ; ils sont placés exactement derrière ceux de la première, les drapeaux couvrant ceux qui sont devant eux. La position de la batterie est en arrière du centre de la brigade, à trente pas de la queue des colonnes de la deuxième ligne. Celle du détachement de cavalerie est à 150 pas en arrière des ailes ou du centre de cette même ligne ; il peut être divisé en deux parties.

Il y a lieu de remarquer que, dans les deux lignes, les bataillons peuvent avoir indifféremment, les uns la droite en tête, et les autres la gauche ; principe qui se rapproche de celui des manœuvres sans inversion et qui contribue à la simplicité des mouvements.

Lorsqu'il y a deux brigades dans une division, elles se placent à la suite l'une de l'autre avec un intervalle de 120 pas ; s'il y en a trois, l'une d'elles sert de réserve et se tient en arrière du centre.

Ordre concentré. — « Lorsqu'une brigade est en « ordre concentré, les bataillons sont établis sur deux « lignes, les uns derrière les autres, en colonne. « L'intervalle entre les colonnes est de 12 pas, et

« la distance entre les lignes est de 30 pas, comptés
« de la queue des colonnes de la première ligne à la
« tête de celles de la seconde. La batterie se place à
« 30 pas en arrière du centre de la deuxième ligne;
« le bataillon de réserve à trente pas plus loin; la
« cavalerie, où sa présence est nécessaire, derrière
« les ondulations du terrain. »

S'il y a plusieurs brigades en ordre concentré, elles
laissent entre elles un intervalle de 30 pas. Les réserves d'artillerie et de cavalerie se placent où le terrain le permet.

Tracé des lignes.—Les lignes sont tracées par les
soins des officiers d'état-major, des adjudants de brigade et de bataillon.

On détermine la direction d'une ligne en plaçant
deux adjudants : l'un au point d'appui du bataillon,
base du mouvement, l'autre à une distance du premier égale à un bataillon, intervalle compris. Les
autres adjudants, en se plaçant sur le prolongement
de ceux-ci, achèvent de tracer la ligne.

Lorsqu'on manœuvre avec une division, l'officier
d'état-major se borne à désigner aux officiers d'état-
major des brigades le point d'appui de chaque brigade, leur abandonnant le soin de fixer les points
intermédiaires. La deuxième ligne est tracée de la
même manière.

Cette méthode de tracer les lignes est plus précise
que celle de l'ordonnance française de 1831, et plus
rapide. En même temps qu'on les jalonne, on marque
la position des différentes unités composées et
simples des corps de troupes, tandis que nous faisons
cette opération en deux fois.

Les chefs de bataillon de la première ligne se tiennent en arrière de leur bataillon, ceux de la deuxième en avant.

Les colonels et les généraux n'ont pas de place fixe.

Notez que les colonels n'ont pas de commandements à faire et que les généraux de division envoient leurs ordres par des officiers.

Mouvements des lignes.—Alignements.—Le brigadier détermine toujours la direction des lignes de bataille en se plaçant au point d'appui. De là, si les bataillons sont déployés, il établit les drapeaux et les officiers de drapeau sur la direction qu'il a choisie au commandement de :

> *Garde à vous.—Alignement des drapeaux à droite (ou à gauche)* (1).

Si les bataillons de la première ligne sont en colonnes serrées en masse, à distance de déploiement, et qu'il veuille les déployer, il aligne les guides des têtes de colonne au commandement de :

> *Garde à vous.—Alignement des guides à droite.*

Puis, il fait déployer.

Le brigadier peut faire faire face en arrière à ses lignes. Les moyens sont ceux de l'ordonnance française.

Marche en bataille. — La marche en bataille en

---

(1) Habt acht ! Fahnenrichtung rechts (links) !

ayant ou en retraite, avec des bataillons déployés, n'est usitée que dans le cas où l'on a peu de terrain à parcourir. Dans les autres circonstances, les bataillons marchent en colonnes parallèles et à la même hauteur, soit en colonnes serrées, soit en colonne de division ou de compagnie, l'un d'eux étant désigné pour donner la direction.

L'alignement des drapeaux, la précision rigoureuse du pas, la conservation exacte des intervalles de bataillon, sont comme dans nos manœuvres, les conditions nécessaires à la bonne exécution de la marche en bataille.

La batterie suit les mouvements généralement à hauteur des ailes, un peu en avant des troupes.

Marche de flanc.—La marche de flanc devant l'ennemi est dangereuse : aussi, le règlement autrichien prescrit-il de n'en faire usage avec une brigade que pour parcourir une petite distance ou pour rectifier sa position, ou enfin pour gagner en ordre de combat un accident de terrain qui la dérobe à l'ennemi. Pour l'exécuter, les bataillons de la brigade, s'ils sont en ligne, rompront à droite par demi-divisions, demi-compagnies ou pelotons, et se dirigeront vers le flanc désigné ; ils rompront par *doubles files* à droite (à gauche), s'ils sont serrés en masse. — Ils se remettront face en tête par les moyens inverses.

Prolonger la ligne.—La première ligne peut être prolongée avec un bataillon de la deuxième. Dans ce cas, ce dernier se rend ployé en colonne serrée, à l'extrémité de la première ligne et s'y déploie, soit sur son alignement, soit en faisant un angle avec elle, soit enfin en restant en échelons en arrière, selon les ordres du brigadier.

Passer de l'ordre déployé à l'ordre en colonne. — Pour passer de l'ordre déployé à l'ordre en colonne, le brigadier commande :

> *Garde à vous.* — *Colonnes serrées par demi-divisions,*
> *sur le centre (sur telle demi-division), la droite*
> *(ou la gauche) en tête ;*
> *Marche.*

Les chefs de bataillon font les commandements nécessaires pour la formation de la colonne serrée, et, au commandement de *marche,* les colonnes se forment.

Le déploiement s'exécute comme nous l'avons déjà dit ; la deuxième ligne reste en colonne (1), la réserve également.

Dans les cas pressants, le déploiement ne nécessite pas l'alignement préalable des têtes de colonne ; chaque chef observe seulement de se placer autant que possible sur la même ligne que son voisin.

L'artillerie, pendant le déploiement, couvre de son feu l'ennemi, pour l'éloigner et l'affaiblir.

Passer de l'ordre de combat à l'ordre concentré. — Pour passer de l'ordre de combat à l'ordre concentré, le brigadier commande :

> *Garde à vous, sur tel bataillon, en ordre con-*
> *centré,* — *Marche.*

---

(1) Excepté à la parade.

Les troupes se forment en colonnes de bataillon.
Au commandement de :

Marche,

les chefs de bataillon conduisent leur bataillon aux emplacements qu'ils doivent occuper dans l'ordre concentré.

La batterie suit le mouvement.

Le passage de l'ordre concentré à l'ordre de combat s'effectue de deux manières :

1° Sur l'alignement des têtes de colonne de la première ligne ;

2° En avant de cet alignement.

Dans le premier cas, le brigadier commande :

Garde à vous══Lignes de bataillons en masse, sur tel bataillon.

Les adjudants de bataillon déterminent les points où doivent arriver les têtes de colonne. Le bataillon de formation reste immobile ; les autres se portent par le flanc (par doubles files), vers leurs places ; ceux de la seconde ligne font face par le troisième rang et se rendent par le chemin le plus court à leur nouvelle position.

Dans le second cas, le brigadier commande :

Garde à vous ══ Lignes de bataillons en masse, en avant sur tel bataillon.

L'officier d'état-major marque le point d'appui, les adjudants jalonnent les lignes ; chaque bataillon se porte directement au point qu'il doit occuper.

La nouvelle ligne peut être oblique à la direction

de la brigade concentrée, aussi bien que perpendiculaire, et le mouvement est aussi simple.

Devant l'ennemi, la batterie se porte en avant, sur le flanc, pour protéger le mouvement, laissant la moitié de ses caissons en arrière sur l'ancienne position.

Des colonnes de brigade.—Les colonnes de brigade peuvent se diviser en deux espèces :

1° Les colonnes simples, soit à distance entière, soit concentrée ;

2° Les colonnes doubles.

Colonnes simples.—Les colonnes simples sont elles-mêmes de deux sortes : les colonnes de route et les colonnes de combat.

Dans *les colonnes simples de route,* les bataillons d'une même ligne sont à la suite les uns des autres, suivant leur ordre de bataille. La batterie les suit à la queue, et la réserve, s'il y en a une, est également en queue.

La colonne peut être par demi-divisions, demi-compagnies, pelotons, ou enfin par doubles files, la droite ou la gauche en tête.

La batterie ferme la marche, en colonne par demi-batteries, par sections, ou par pièces.

Les bataillons dans une colonne en route ont entre eux une distance égale au front d'une division plus intervalle de bataillon.

La *colonne simple de combat* peut s'effectuer de deux manières :

Dans la première espèce de formation, appelée *colonne de combat proprement dite,* les bataillons se rangent dans la colonne à partir des ailes, ceux de la deuxième ligne suivant immédiatement leurs correspondants de la première. Tous les bataillons sont en colonne serrée, et la distance entre les bataillons est égale au front d'une compagnie, augmenté d'un intervalle de bataillon. — Dans la seconde espèce, la colonne de combat par ligne, les bataillons se succèdent à partir d'une aile, aux mêmes distances et en colonne serrée. Si la colonne doit marcher en retraite, les troupes font demi-tour et celles de la deuxième ligne marchent en tête.

Lorsqu'une division entière marche en colonne de combat, les brigades se suivent sans distinction de numéro et marchent la droite ou la gauche en tête en se pliant seulement aux conditions que nécessitent les lieux et les circonstances du combat; elles conservent entre elles intervalle de brigade.

Le général désigne celle qui doit être en tête.

Les brigadiers d'une division peuvent aussi former deux colonnes parallèles marchant à la même hauteur comme une colonne double.

La batterie marche sur les flancs ou en queue.

Ce que nous avons dit des formations et du tracé des lignes en général, s'applique au déploiement de la colonne de combat.

Quel que soit son mode de formation, les bataillons se portent, en colonne serrée, aux points marqués pour leur emplacement et se déploient ensuite sur la ligne.

Remarquons qu'on ne se préoccupe pas de la position des bataillons ni des inversions, surtout lorsque l'ennemi est à proximité. Un bataillon peut occuper toutes les places de l'ordre de bataille.

La colonne simple peut, étant à distance, devenir concentrée de pied ferme ou en marchant.

Colonne double.—Cette formation s'emploie lorsqu'on doit se porter en avant sur un terrain peu propre aux mouvements d'une ligne de bataillons en masse à distance de déploiement, et veut avoir plus de facilité pour se mouvoir et se déployer devant l'ennemi.

Dans cette colonne, les bataillons de la deuxième ligne doivent toujours conserver entre eux et ceux de la première, la distance que nous avons indiquée plus haut.

Les bataillons de réserve marchent à la suite, en gardant une distance relative à celle où ils se trouvaient.

Quant à la batterie, si elle n'est employée à protéger la marche par son feu, elle doit être à portée de s'établir dans la meilleure position pour favoriser le déploiement.

La colonne double se forme, lorsque les bataillons sont déployés, par le ploiement en colonne serrée, la gauche en tête, du bataillon de droite, et par le même mouvement, la droite en tête, de celui de gauche. Les bataillons de la deuxième ligne se placent en même temps derrière leurs correspondants de la première.

Si le brigadier veut resserrer l'intervalle qui se trouve à la droite ou à la gauche du bataillon du centre, il commande :

Garde à vous,—Colonne double sur l'intervalle de droite ;—Marche.

Cette formation ressemble à celle qui précède, si

6.

ce n'est que les bataillons se rapprochent de l'intervalle désigné, et que, si la brigade est sur deux lignes, les masses, sans changer l'ordre de leur formation, se rendent par le chemin le plus court à la place qui leur est assignée dans la colonne double.

La colonne double de brigade se déploie en avant et face à droite ou à gauche par bataillon en masse ; elle marche, change de direction, se transforme en colonne simple, tout cela par les procédés les plus rapides et les moins compliqués, en employant les conversions en marchant, en suivant les lignes les plus directes.

Changements de front.—Les changements de front d'un corps de troupe considérable peuvent se faire sous des angles quelconques, comme ceux d'un bataillon isolé.

Ils doivent être exécutés en général, lorsque les troupes sont en lignes de masses plutôt que lorsqu'elles sont déployées. On déploie, après l'exécution du mouvement ; le bataillon à pivot fait son mouvement comme un bataillon isolé le fait à l'école de bataillon ; les autres se portent par le chemin le plus court vers leur emplacement.

Dans les changements de front en arrière, les bataillons ne font face en tête qu'une fois arrivés sur leur emplacement. Ceux de la première ligne se déploient ensuite.

Lorsque, dans les changements de front en arrière, les bataillons sont en masse, le bataillon-pivot change de direction par le flanc pour se mettre dans la nouvelle direction.

Le changement de front central s'exécute sur le

bataillon du centre. Si le nombre des bataillons de la première ligne est pair, le bataillon fait son mouvement en entier en avant. Si le nombre des bataillons est impair, ce bataillon change de front sur un peloton du centre.

Pour toutes ces manœuvres, les commandements du brigadier sont très-simples :

Changement de front à droite, ou *oblique à droite*, ou bien *à droite en arrière*, ou enfin *à droite sur le centre ; = Marche.*

Échelons.—La formation de troupes nombreuses en échelons a lieu pour différents buts :

1° Lorsque l'on veut employer une partie de ses forces à attaquer l'ennemi, tout en n'engageant pas l'autre partie et en lui donnant pour destination spéciale de couvrir le flanc de la partie attaquante ;

2° Lorsque l'on veut préparer l'établissement d'une ligne de bataille qui fasse un certain angle, soit avec la ligne de bataille primitive, soit avec celle de l'ennemi ;

3° L'une des ailes étant menacée, si on veut la retirer en arrière, tout en lui donnant le moyen de se soutenir elle-même ;

4° Enfin, le point faible de la position ennemie étant reconnu, attaquer à outrance et percer les lignes ennemies, tout en refusant ses ailes.

Voici les différentes circonstances prévues par le règlement. Maintenant, qu'est-ce que l'ordre en échelons ?

Le règlement le définit ainsi : « On forme un ordre « en échelons lorsque des bataillons, placés d'abord « sur le même alignement, se mettent en mouvement

« les uns après les autres, à des distances fixées
« d'avance, et de telle sorte que les bataillons forment
« entre eux comme les marches d'un escalier. » —
Définition peu mathématique, et cependant exacte !

On forme les échelons par bataillon ou par brigade ; les bataillons sont déployés en masse.

Pendant la marche des échelons, l'échelon de la tête donne la direction. La batterie marche généralement, en dehors, à côté de l'échelon le plus près de l'ennemi.

Enfin, on met les échelons en mouvement, soit par l'aile droite, soit par l'aile gauche, soit par le centre.

On reforme la ligne parallèlement à la ligne primitive ou obliquement ; c'est toujours le bataillon de direction qui sert de base.

Les commandements sont à peu près les mêmes que les nôtres.

Le règlement de manœuvres consacre ensuite plus de cinquante pages à enseigner des règles sur la manière d'agir dans les circonstances d'un combat défavorable, sur les retraites, sur les attaques à la baïonnette, sur l'emploi des tirailleurs, sur l'emploi de la cavalerie et de l'artillerie. C'est un véritable cours d'art militaire.

Nous occupant ici seulement des manœuvres au point de vue de leur mécanisme, nous sortirions de notre sujet si nous nous arrêtions sur cette dernière partie du règlement.

Disons seulement pour terminer que, dans ces principes sur l'art de la guerre, tout est prévu avec de grands détails, tout est calculé et tous les moyens à employer dans les différentes circonstances du combat sont indiqués.

Le règlement regarde la grande régularité dans le mécanisme des manœuvres comme une condition de succès. Mais il recommande cependant de ne pas s'en tenir à la lettre de ses prescriptions, et il ajoute ces sages pensées dont tous les militaires devraient bien se pénétrer :

« Le secret du triomphe ne réside point dans l'em-
« ploi de formes tactiques plus ou moins savantes,
« et le général qui, dans ces moments de crise si
« fréquents à la guerre, y chercherait son salut,
« s'exposerait à éprouver de cruelles déceptions.
« Les manœuvres que l'on exécutera pendant la
« paix doivent donc être exemptes de tout raffine-
« ment et ne point porter l'empreinte d'une mise en
« scène qui ne pourra jamais s'appliquer aux affaires
« de la guerre et qui ne ferait que contribuer à
« répandre de fausses idées dans l'esprit des offi-
« ciers. »

III

Manœuvres de l'infanterie suédoise.

§ 1. Organisation de l'armée suédoise.
§ 2. Principes de l'ordonnance sur les manœuvres de l'infanterie.
§ 3. Colonnes de compagnie. — Tirailleurs.

---

§ 1. Organisation de l'armée suédoise.

L'armée suédoise et l'armée norwégienne sont soumises à des règlements qui ne ressemblent point aux nôtres. Recrutement, organisation, discipline, manœuvres, tout ce qui concerne ces deux armées est établi d'après des principes qui diffèrent entièrement de ceux adoptés par les autres puissances de l'Europe.

L'organisation de l'armée suédoise remonte aux premières époques de la monarchie ; elle rappelle l'organisation des troupes féodales et le système militaire des Francs et des Germains ; elle est surtout l'œuvre du roi Charles XI.

Cette armée, essentiellement nationale, se compose de trois parties : le *bevaring*, l'*indelta* et la *varfväde*.

Le *bevaring*, espèce de landwehr, comprend tous les hommes du pays depuis l'âge de vingt ans ; c'est la levée en masse de la nation pour la défense du territoire.

L'*indelta* ou *armée cantonnée* est la partie principale de l'armée ; les soldats de l'indelta restent dans leurs foyers toute l'année, et ne prennent les armes qu'à une certaine époque pour les exercices et pour les besoins de la guerre.

La *varfväde* est la partie permanente ; c'est la moins nombreuse : elle ne comprend que la garde et les corps spéciaux.

Les corps permanents se recrutent par des engagements volontaires de cinq ans au moins pour l'infanterie, de huit pour la cavalerie et l'artillerie.

La retraite des soldats est acquise après vingt-cinq ans de service.—Les officiers sortent des rangs des sous-officiers et de l'École militaire de Carlsberg (près de Stockholm) (1). Le premier grade, celui de *porte-enseigne* (sous-lieutenant), ne s'obtient, pour les uns comme pour les autres, qu'après un examen très-sérieux.

Les officiers des armes spéciales de l'école d'application de Marienberg, dans laquelle on n'entre qu'après deux années de service dans les corps spéciaux, en qualité de sous-lieutenant.

La *varfväde* comprend seulement :

La garde à pied, 2 régiments à 2 bataillons (le bataillon de 4 compagnies) ;

Les chasseurs, 1 régiment de 6 compagnies ;

---

(1) De celle de Christiania pour l'armée norvégienne.

La garde à cheval (lanciers), 1 régiment;

Les hussards (de Charles XV), 6 escadrons;

L'artillerie, 3 régiments;

Le génie, 300 hommes.

L'*indelta* est beaucoup plus nombreux. Les soldats sont des gens de la campagne, fournis, entretenus et soldés par la *rota*, espèce de subdivision militaire du territoire. Ils cultivent une petite concession composée d'un peu de bois, de prés et de terres labourables, qu'on nomme *torp*, et dans laquelle se trouve une habitation suffisante pour les loger avec leur famille.

Les cadres sont répandus dans les districts. Les sous-officiers et les officiers ont également à la place de solde une propriété qu'ils font valoir.

Les *torp* d'une province forment le régiment; ceux de plusieurs villages, la compagnie.

Les soldats de l'indelta servent de 25 à 50 ans. Ils sont partagés en cinq classes.

Les recrues sont instruites avec soin et, lorsqu'elles sont à la première classe, elles ne sont plus réunies que le dimanche, pendant quatre heures, par compagnie, après l'office.

Chaque régiment se rassemble une fois l'an dans un camp particulier, et manœuvre pendant 21 jours. —Quelquefois, il se réunit aussi en automne.

Les troupes de l'*indelta* comprennent :

Des grenadiers de la garde;

Plusieurs bataillons de grenadiers à pied;

Des chasseurs à pied;

18 régiments provinciaux d'infanterie, presque tous à 2 bataillons de guerre de 4 compagnies cha-

cun; leur force varie suivant la population des districts;

Enfin, des dragons et des hussards.

La *bevaring* comprend cinq classes, d'environ 20,000 hommes par année; elle peut fournir à peu près 90,000 hommes en temps de guerre.

Les troupes de cette espèce de réserve sont divisées en bataillons séparés et manœuvrent seulement 15 jours chaque année, sous les ordres de chefs choisis pour la circonstance.

Tout Suédois de 20 à 25 ans doit le service dans la *bevaring*.

Il faut ajouter à ces forces la milice de Gothland, forte de 21 compagnies, tenue seulement au service intérieur de l'île.

Après ce rapide coup d'œil sur l'armée suédoise, occupons-nous spécialement de l'infanterie et de ses manœuvres.

§ 2. Principes de l'ordonnance sur les manœuvres de l'infanterie.

Le règlement de manœuvres de l'infanterie suédoise, actuellement en vigueur, date de 1848, et a été promulgué par le roi Oscar. Avant lui, les Suédois se servaient du règlement français de 1791, introduit par Bernadotte, et ils en avaient conservé l'usage, sauf quelques modifications après la mort de ce prince.

Le règlement de 1848 s'écarte beaucoup des principes de notre règlement de 1831 : nous nous contenterons de mentionner les dispositions les plus remarquables.

L'ordonnance est sur deux rangs.

Le bataillon comprend quatre compagnies. La

compagnie est l'unité administrative et l'unité tactique; elle se divise en trois pelotons : deux de fusiliers et un troisième de tirailleurs.

Lorsque le bataillon est déployé ou en colonne, les troisièmes pelotons ne font pas partie de l'ordonnance.

Dans la formation en bataille, ils se placent en colonne derrière les ailes à distance entière, et, lorsque le bataillon est en colonne, ils se mettent en arrière ou sur les flancs, suivant que le chef de bataillon le juge convenable.

Lorsque la compagnie est isolée et en colonne par peloton, la gauche ou la droite en tête, le troisième peloton se place toujours à la queue.

Toutes les marches de flanc se font par quatre, autrement dit par doubles files.

§ 3. Colonnes de compagnie. — Tirailleurs.

Une chose essentielle à remarquer dans les manœuvres de l'infanterie suédoise, c'est l'emploi des colonnes de compagnies.

Ces colonnes, que nous venons d'introduire dans nos manœuvres sous le titre de colonnes de division, sont en usage depuis longtemps dans l'infanterie suédoise comme dans l'infanterie prussienne, et ont été imitées dans presque tous les pays de l'Allemagne, ainsi qu'en Russie.

Les colonnes de compagnies se forment par peloton. On ploie les compagnies à peu près comme si l'on voulait former la colonne double. Les pelotons se portent en arrière et s'arrêtent lorsqu'ils couvrent ceux qui sont en tête de colonne. Les tirailleurs se placent à la queue dans le même ordre.

Ces colonnes s'emploient de préférence à l'ordre en bataille pour marcher en avant ou en retraite dans les pays accidentés.

Dans le cas d'une attaque de cavalerie, elles peuvent former des carrés isolés.

Lorsque le pays est couvert d'obstacles qui rendent difficile la marche des colonnes de compagnie, on s'avance en petites colonnes parallèles formées avec les pelotons marchant par le flanc. Les pelotons du demi-bataillon de gauche ont la droite en tête; ceux du demi-bataillon de droite ont la gauche en tête.

Les tirailleurs marchent de la même manière, mais en seconde ligne.

Ces colonnes ne sont pas les seules formations qui doivent arrêter notre attention. Les Suédois ont une sorte de colonne particulière qu'ils emploient fréquemment et qui est tout à fait étrangère à nos principes, c'est la *colonne double par le flanc*.

Elle s'exécute ainsi : le bataillon étant rangé en bataille, le drapeau se porte en avant de quelques pas, les deux compagnies de droite font par le flanc gauche, les deux compagnies de gauche par le flanc droit, en doublant les files.

Le drapeau marche en avant sur une direction perpendiculaire au front de la première file de la troisième compagnie, converse à gauche, tandis que la dernière file de la deuxième compagnie converse à droite.

Les huit hommes de ces deux doubles files marchent ensuite à la même hauteur dans la direction du drapeau et toutes les autres les suivent; la colonne se trouve ainsi formée par le flanc dans une direction perpendiculaire à la ligne de bataille.

Cette formation est très-avantageuse ; elle donne une grande mobilité, une grande flexibilité au bataillon ; lui permet de se déployer rapidement, de se former en bataille, face à droite ou face à gauche ; elle se prête enfin à toutes les péripéties d'une marche dans un pays accidenté et varié comme l'est celui des Suédois.

On peut remarquer aussi qu'elle offre à l'artillerie une très-petite surface, si elle est prise en tête, qu'elle est, par conséquent, difficile à atteindre dans ce cas, et que, si elle est battue d'écharpe ou de flanc, le boulet n'y peut faire que de très-faibles ravages.

Nous avons vu que les tirailleurs étaient placés en dehors de l'ordonnance dans toutes les formations. Cette disposition a de grands avantages.

Les tirailleurs, sans troubler la formation du bataillon, sans gêner sa marche et ses manœuvres, ne dérangent point encore par leurs allées et venues l'organisation du bataillon ; leur action est plus libre, plus indépendante, et, lorsqu'ils quittent le bataillon pour protéger son déploiement ou sa marche, ils ne laissent point un vide dans la ligne.

Cette grande indépendance des tirailleurs augmente déjà la force de l'infanterie suédoise ; combinée avec le fractionnement du bataillon en colonnes de compagnie, elle ajoute à sa puissance une très-grande mobilité.

En effet, l'emploi des colonnes de compagnie favorise même les mouvements des tirailleurs en leur laissant des intervalles par lesquels ils peuvent facilement se retirer ou se porter en avant.

Dans une marche en avant, le bataillon est toujours précédé d'une ligne de tirailleurs qu'accompagnent des soutiens et des réserves échelonnées.

Les réserves alimentent sans cesse la ligne des tirailleurs et en renouvellent facilement les combattants.

Ces mouvements, et c'est un grand avantage, se lient toujours à ceux du bataillon sans en dépendre.

Nous n'avons qu'une observation à faire : c'est qu'il serait peut-être plus avantageux de rendre les tirailleurs tout à fait indépendants des compagnies, en les en séparant complétement dans l'organisation.

Quant au système des colonnes de compagnie, on doit lui reconnaître aussi de grandes qualités.

Le bataillon, ainsi placé, peut passer plus facilement dans les pays boisés, coupés, embarrassés de haies et de pierres, comme il s'en trouve facilement dans le nord de l'Europe. La marche, les mouvements sont plus rapides; les déploiements sont plus prompts parce que les éléments divers sont les plus rapprochés de la ligne de bataille.

Ces colonnes sont plus rapidement formées que la colonne simple ou la colonne double; enfin, leurs attaques sont plus vigoureuses que celles d'un bataillon déployé.

Les avantages des colonnes de compagnies ont paru tels qu'on a voulu en Allemagne, en Prusse surtout, étendre ce système au point d'en faire l'ordre de bataille fondamental.

Nous ne nous étendrons pas davantage sur ce sujet que nous avons déjà traité plus haut, et nous passerons aux manœuvres des Belges.

IV

Manœuvres de l'infanterie belge.

---

§ 1. État de l'infanterie belge.

Pendant près de trente ans, la Belgique a calqué ses institutions militaires sur celles de la France : même système de recrutement et d'organisation, mêmes modèles d'armes, règlements semblables, manœuvres identiques ; en un mot, tout ce qui concerne son armée a été la reproduction plus ou moins complète de la nôtre.

Depuis quelque temps, l'armée belge s'efforce de prendre une physionomie qui lui soit propre et de ne plus se traîner à la remorque des autres puissances. Elle profite des essais de ses voisins, de l'expérience que ceux-ci ont acquise sur le champ de bataille, et elle adopte les améliorations que nécessitent le perfectionnement des armes à feu et les progrès de la tactique : aussi cette petite armée est–elle une des mieux organisées de l'Europe. Il ne lui manque aujourd'hui qu'une occasion de faire briller ses qualités militaires pour qu'on soit convaincu qu'elle n'est pas indigne de marcher à côté de sa sœur aînée l'armée française.

L'armée belge présente en infanterie un effectif d'environ 56,550 hommes, formant 16 régiments, savoir :

1 régiment de carabiniers à 4 bataillons de guerre et 2 de réserve ;
2 régiments de chasseurs à 3 bataillons ;
1 régiment de grenadiers à 3 bataillons;
12 régiments de ligne à 3 bataillons ;
24 bataillons de réserve.

Elle comprend en outre quelques autres troupes à pied :

9 compagnies du génie ;
2 compagnies sédentaires ;
4 compagnies d'administration ;
1 division de discipline ;
1 école d'enfants de troupe ;
1 école militaire à Bruxelles(1).

Les carabiniers et grenadiers sont des troupes de réserve, les chasseurs des troupes légères.

Tous les bataillons d'infanterie sont composés de six compagnies et organisés de la même manière.

L'infanterie belge est placée sur deux rangs espacés de 40 centimètres ; dans chaque compagnie, les

______

(1) La cavalerie comprend 7 régiments et l'artillerie 4.

hommes sont par rang de taille et numérotés comme
les nôtres.

Chaque compagnie forme une *division* et se partage en deux pelotons, de sorte que le bataillon comprend douze pelotons ou six divisions.

Le capitaine commande la division, le lieutenant
de la compagnie commande le second peloton, le
premier sous-lieutenant marche avec le premier peloton et commande la seconde section.

Le second sous-lieutenant commande la deuxième
section du second peloton. En bataille, ces deux officiers sont en serre-files avec les sous-officiers et les
caporaux, ce qui forme presque un troisième rang
ou plutôt un rang de réserve ; disposition qui peut
remédier à la faiblesse qui résulte de l'organisation
sur deux rangs et qui empêche, avec de forts effec-
tifs, d'étendre trop les lignes, disposition d'ailleurs
conforme aux idées de Napoléon Ier, qui voulait un
rang de serre-files égal au moins au neuvième de la
compagnie.

§ 2. Règlement de 1860 sur l'exercice et les manœuvres de l'infanterie. — École de soldat et de peloton.

Le règlement belge en usage aujourd'hui date du
5 avril 1860. Il a remplacé celui de 1833, qui était
la copie littérale, numéro par numéro, de notre ordonnance de 1831, avec la seule différence nécessitée
par l'organisation du bataillon à douze pelotons au
lieu de huit.

Le nouveau règlement a été mis à l'essai pendant
une année dans les régiments et expérimenté au
camp de Beverloo par le lieutenant général Fleury-

Duray, l'un des rédacteurs, qui a fait manœuvrer tout un corps d'armée (1) d'après ces principes; ce n'est qu'après ces épreuves seulement qu'il a été adopté.

Les rédacteurs se sont attachés, dans ce règlement, à éviter les défauts de notre ordonnance de 1831 et à imiter les qualités de celle de 1845; déjà ils avaient donné cette dernière à leurs régiments de carabiniers et de chasseurs en 1860.

Ils ont donc fait, pour l'infanterie, ce que nous avons fait en 1861 et en 1862; ils ont, sauf quelques petites modifications de détail, presque copié la théorie des chasseurs. En outre, ils l'ont augmentée de prescriptions relatives aux colonnes de compagnie, qu'ils ont empruntées à l'infanterie suédoise.

Aussi leur école de soldat n'est pas autre chose que celle des chasseurs à pied, avec quelques mouvements de plus et une charge un peu plus rapide. — L'arme se porte dans le bras droit; le maniement d'armes est basé sur ce port d'armes, semblable à celui de nos sous-officiers d'infanterie. L'escrime à la baïonnette et le pas gymnastique font désormais partie de l'instruction du fantassin. La longueur du pas gymnastique est de 80 centimètres, et sa vitesse de 165 à la minute; le pas accéléré est, comme le nôtre, long de 66 centimètres et d'une vitesse égale à 110. Le pas ordinaire n'existe pas; par compensation on emploie le pas de charge, long de 75 centimètres à la vitesse de 130.

Un des mouvements ajoutés à ceux des chasseurs

---

(1) Ce corps d'armée comprenait 20 bataillons, 20 escadrons et 64 canons.

a pour but de porter l'arme suspendue à l'épaule par
la bretelle; mouvement qu'on ignore chez nous, où
la bretelle semble n'être qu'un ornement dont le
soldat ne doit pas se servir. S'il le faisait, il s'exposerait à des peines sévères; il doit s'attacher à tenir
cette bretelle toujours bien tendue, bien ajustée pour
les revues; c'est là l'essentiel! C'est ainsi qu'on dé-
nature souvent, dans notre armée, le but de bien des
choses.

Il est encore d'autres mouvements que nous re-
trouverons dans l'infanterie piémontaise, que nous
avons adoptés en 1862; ils consistent à prendre différentes positions, le soldat étant reposé sur l'arme,
sans passer par le port d'armes.

Le fantassin belge peut ainsi *apprêter les armes,
remettre la baïonnette, mettre la baïonnette au canon,
croiser la baïonnette, présenter les armes, mettre l'arme
sur l'épaule droite ou à volonté et la mettre à la bretelle.*

Cette multiplicité de mouvements peut paraître à
première vue une complication et a l'inconvénient
de prolonger l'instruction des recrues; mais c'est cependant, si on y réfléchit, une véritable simplification; car elle a l'avantage de permettre aux hommes
de se mettre en marche rapidement, ou en défense, ou enfin de charger l'arme, sans perdre leur
temps à faire deux ou trois mouvements préparatoires. Ces avantages ont paru tels à notre commission de 1862, qu'elle n'a pas hésité à les introduire
dans les évolutions de ligne.

La charge est une imitation de celle des Anglais;
elle se fait en dix temps, en trois temps, et à volonté. On la commence en mettant la cartouche dans
le canon, on la finit en amorçant.

Le premier temps consiste à passer l'arme à gauche; lorsque l'homme a bourré, il élève son arme verticalement vers l'épaule droite et l'abat ensuite dans la main gauche, le bout du canon à hauteur de l'œil, pour armer et amorcer. De cette position, il met en joue, de sorte qu'il n'arme qu'une fois. Lorsque l'arme est chargée, avant de faire feu, le fantassin belge arme comme nos chasseurs.

Les feux sont les mêmes que ceux que nous employons, excepté le *feu de file*, qui remplace nôtre feu de deux rangs, et se fait ainsi : les deux hommes d'une même file tirent alternativement, l'homme du premier rang d'une file ayant soin de ne mettre en joue la première fois qu'après l'homme du second rang de la file précédente. Cette méthode, imitée des Prussiens, nous semble préférable à la nôtre; elle empêche le front d'un peloton de se dégarnir de suite de feu, comme cela arrive quand les pelotons sont faibles, ou dans les moments de trouble, tels, par exemple, que celui où les réserves de tirailleurs se forment en carré; elle a en outre l'avantage de ne donner qu'un seul et même principe pour le feu de files, que celles-ci soient réunies en peloton ou dispersées en tirailleurs.

École de peloton. L'école de peloton n'offre de particulier que de petites modifications à la progression de l'école de peloton des chasseurs à pied.

L'article 4 de la 4° leçon est réuni à l'article 3. L'article 5 de cette même leçon a pour objet un mouvement tout spécial à l'infanterie belge :

La formation sur quatre rangs pour faire feu contre la cavalerie.

La formation sur la droite ou la gauche en bataille a été transportée à la 5ᵉ leçon.

La colonne de route a été mise au 5ᵉ article de la 6ᵉ leçon.

Nous croyons plus logique, en effet, de la placer à cet endroit, car ce qui s'y rapporte est la partie de l'école de peloton la plus compliquée; elle sert en même temps à revenir sur un grand nombre de mouvements déjà faits; elle doit donc venir en dernier dans la progression de l'instruction.

Le 1ᵉʳ article de notre 6ᵉ leçon a été, avec raison, inséré dans la leçon précédente, qui contient ainsi tous les mouvements de la formation en colonne et en bataille. Il est remplacé par un mouvement qui prend le nº 2 dans la 6ᵉ leçon belge et que l'on trouve à la fin de l'école de peloton de nos chasseurs.

Remarquons que dans la colonne de route on ne rompt pas les sections; car il n'y a pas de demi-sections, mais on fait tous les autres mouvements, même celui de dédoubler de front et de flanc pour marcher dans un chemin resserré, et celui de doubler quand on en est sorti, mouvements que nous n'avons pas dans cette même leçon de l'ordonnance de 1862.

Indépendamment des feux que nous faisons, les Belges emploient un feu particulier sur quatre rangs, appelé *feu contre la cavalerie*, que j'ai déjà mentionné, et qui est une imitation des feux de carrés des Prussiens; ils l'enseignent à l'article 5 de la 4ᵉ leçon. Voici en quoi il consiste :

Le peloton étant de pied ferme, face en tête ou en marche par le flanc, le capitaine le forme sur quatre rangs, ce qui s'exécute, dans le premier cas, en serrant dans chaque file doublée à 25 centimètres sur la file de gauche, après avoir fait par le flanc; dans le second sur celle qui est en tête, et en se remettant ensuite face en tête sans dédoubler. Le capitaine commande ensuite :

Feu contre la cavalerie.
Peloton = armes.
Second rang = joue. } Trois fois de suite.
Feu.
Premier rang = joue.
Feu.
Second rang, etc.

Les hommes du second rang font feu avec leurs armes, puis avec celles du troisième et du quatrième rang, qui les leur donnent successivement, et chargent celles qui viennent d'être tirées, les armes du quatrième rang passant par les mains du troisième rang. On dédouble les files par les moyens inverses.

Cette manière de se former sur quatre rangs ne peut pas toujours s'exécuter avec précision, car le doublement des files a l'inconvénient d'exiger un numérotage que les hommes oublient souvent, que les balles ne respectent pas toujours.

Nous n'avons plus qu'une seule observation à faire sur l'école de peloton. Nous sommes surpris que les Belges aient adopté le mouvement de mettre des *files en arrière* par files doublées; c'est là surtout que l'on voit la complication et la confusion occasionnées par le doublement des files.

§ 3. École de bataillon. — Tirailleurs et colonnes de compagnie.

Nous ne trouvons rien dans l'école de bataillon belge qui né nous soit déjà connu, car c'est celle de nos chasseurs tout entière; la progression seulement a subi quelques légers changements : ainsi, par exemple, la marche en bataille fait partie de la première leçon, au lieu d'être dans la sixième, etc.

Tous les mouvements rapides des chasseurs, les formations sans arrêter, les carrés sur quatre rangs, etc., sont en usage dans l'infanterie belge; elle en a d'ailleurs l'armement : c'est une véritable infanterie légère.

Il existe aussi chez nous une grande tendance à modeler notre infanterie sur les chasseurs à pied; cependant l'instruction de 1862, tout en donnant à l'infanterie presque tous les principes des manœuvres des chasseurs, n'a pas entendu en faire de l'infanterie légère, car elle recommande de n'employer les manœuvres au pas gymnastique que par exception; dans les chasseurs à pied celles-ci doivent être plus fréquentes.

Nous devons noter, dans cette école de bataillon, une manœuvre qui n'existe pas dans la théorie de 1845 et dont l'utilité est contestable; elle a pour objet de former la colonne serrée face en arrière en colonne, c'est-à-dire de manière que la première division soit en tête, le bataillon faisant face en arrière.

Lorsque la colonne a la droite en tête et est de pied ferme, le chef de bataillon commande :

1. *Face en arrière en colonne.*
2. *Bataillon à droite et à gauche.*
3. *Marche (ou Pas gymnastique, ═ Marche).*

Toutes les divisions exécutent les mouvements qu'elles ont à faire dans le cas de la contre-marche, avec cette différence que la première seule tourne par file autour de son guide, et que la deuxième, marchant par le flanc, va tourner par file assez loin pour se placer en arrière de celle-ci; la troisième va dans le sens opposé se placer derrière la deuxième, etc.

L'école de bataillon fait l'objet du titre IV de l'ordonnance.

Dans le titre V, nous trouvons les colonnes de compagnie et les combats de tirailleurs.

Les tirailleurs doivent couvrir les mouvements des bataillons avec lesquels ils combinent les leurs.

Toutes les compagnies sont exercées à ce service, parce que toutes peuvent être appelées à le faire; excellent usage, qui répartit les fatigues également sur tous. Lorsqu'une compagnie est désignée pour être employée à tirailler, elle est placée à l'une des ailes du bataillon; une autre compagnie est placée à l'autre aile; toutes deux sont ployées en colonne par section, elles prennent la dénomination de *tirailleurs de droite* et de *tirailleurs de gauche* (1). Lorsque l'une d'elles est envoyée en tirailleurs sur l'ordre du chef de bataillon, le capitaine fait sortir de derrière l'aile du bataillon les deux sections de la tête par un oblique à droite (2), pour les porter ensuite en avant;

---

(1) N° 35 du titre Ier du règlement.
(2) N° 116 du titre V.

il les arrête au commandement de *halte* du chef de bataillon. Il déploie ensuite la première section en commandant :

1. *En tirailleurs.*
2. *Sur la file de droite, à seize pas,* == *Marche.*

Les tirailleurs prendront leurs intervalles par groupes. Arrivés à 150 pas de la seconde section, qui formera le soutien, le capitaine arrêtera la ligne, et les groupes se déploieront. Tous les autres mouvements des tirailleurs sont les mêmes que les nôtres ; les commandements toutefois sont plus courts.

Lorsque les tirailleurs ne seront pas déployés, ils seront formés en colonne de compagnie, « cet ordre se prêtant particulièrement bien au combat en tirailleurs, soit pour couvrir le front, les flancs ou les derrières du bataillon, soit pour garnir les intervalles entre les bataillons, quand ceux-ci chargent l'ennemi en colonnes, soit enfin pour servir de réserve et de soutien au bataillon, alors qu'il attaque ou qu'il est attaqué dans l'ordre déployé. Les colonnes de compagnie pourront également être employées, avec beaucoup d'avantage, par un bataillon et même par une ligne de quelques bataillons, dans les marches au travers de terrains accidentés ou entrecoupés de bois, de haies, » etc.

Les colonnes de compagnie seront toujours formées par *section à demi-distance*, la compagnie de droite en arrière de la quatrième section et la compagnie de gauche en arrière de la première section ; ces colonnes auront leur tête 24 pas en arrière des ailes du bataillon.

Si le bataillon est appelé en entier à combattre à

la débandade, il forme d'abord toutes ses compagnies en colonnes de compagnie , le demi-bataillon de droite sur les quatrièmes sections, le demi-bataillon de gauche sur les premières; il déploie ensuite les tirailleurs.

S'il est chargé de défendre un retranchement, s'il est abrité derrière un obstacle, le bataillon pourra se former en entier en colonne de compagnie en arrière des premières sections. Il déploiera les tirailleurs comme précédemment.

On peut, dans certains cas, former trois colonnes de compagnie parallèles. Celle du centre se compose alors de deux colonnes de compagnie placées côte à côte et reste en arrière en réserve.

On peut aussi former trois colonnes, les compagnies impaires se ployant par section en arrière de la première section, pendant que les compagnies paires se ploient en arrière de la quatrième.

Pour ployer sa compagnie en colonne, le capitaine commande :

1. *Colonne de compagnie ;*
2. *Sur la première section en colonne ;*
3. *Division à droite.*
4. *Marche.*

Commandement assez singulier, dans lequel on se sert successivement de deux mots différents pour désigner la même chose ! Les sections se ploient par le déboîtement.

Lorsque les colonnes sont inquiétées par le feu ennemi, le capitaine peut former les pelotons ou les déployer par compagnie, ce qui se fait par la méthode dite *en tiroir*.

Lorsque le bataillon est en colonne, les compagnies de tirailleurs sortent par le flanc, chaque section change de direction par file et marche ensuite sur le flanc de la colonne du côté opposé au guide.

Le règlement détermine la place que doivent occuper dans les manœuvres les colonnes de compagnies (c'est-à-dire les colonnes de tirailleurs).

Voici les principales règles qu'il donne :

« Lorsqu'un bataillon, rangé dans cet ordre, se ploiera en colonne double, les compagnies de tirailleurs ne bougeront pas.

« Lorsque le bataillon se ploiera en colonne simple sur la division de droite, les compagnies de tirailleurs feront par le flanc droit, gagneront l'étendue de trois pelotons à droite et se remettront face en tête. — L'inverse aura lieu si l'on se ploie la gauche en tête.

« Lorsqu'on déploiera, les compagnies de tirailleurs reprendront leurs places.

« Lorsqu'une ligne de plusieurs colonnes, doubles ou simples, serrées ou à demi-distance, se mettra en marche, la tête des compagnies de tirailleurs se prendra à six pas en arrière de l'alignement de la dernière subdivision.

« Dans les bataillons en seconde ligne, ployés en colonne double, les tirailleurs se placent à six pas à la queue.

« Lorsqu'on fait le passage des lignes en avant ou en retraite, les compagnies de tirailleurs restent derrière les bataillons de la seconde ligne, et reprennent leur place une fois que le mouvement est terminé.

« Lorsqu'un bataillon ou une ligne de plusieurs

bataillons ployés en colonne, avec les compagnies de tirailleurs dans les intervalles et sur les ailes, devra se porter au-devant de l'ennemi, la section de la tête de chaque compagnie se déploiera en tirailleurs sur l'alignement des têtes de colonnes au moment où le chef en donnera l'ordre. Cette ligne de tirailleurs suivra les mouvements des bataillons et les soutiendra par son feu pendant le déploiement. Ces soutiens et les réserves restés en une seule colonne se porteront par un mouvement de flanc derrière le centre de la section déployée ; ils suivront également les mouvements des bataillons, la tête de leurs colonnes se tenant à six pas en arrière de l'alignement de la subdivision de la queue des bataillons ; toutefois, pour les dérober au feu de l'ennemi, le chef pourra leur ordonner de se porter à six pas derrière la droite et la gauche du bataillon, comme il est prescrit au n° 41, c'est-à-dire en colonnes. Ce moyen sera également employé si l'on a quelque charge de cavalerie à redouter. Si les bataillons marchant dans cet ordre devaient former les carrés, les sections de soutien entreraient comme réserve dans les carrés, et les deux sections de réserve se conformeraient à ce qui est prescrit au n° 248.

. « Si le chef juge nécessaire, avant de porter ses colonnes contre l'ennemi, de préparer ou de couvrir l'attaque par des tirailleurs, il fera avancer leur ligne, qui sera suivie successivement par les soutiens et par les réserves, si elle est portée jusqu'aux distances déjà indiquées (350 pas).

« Le front étant couvert par des tirailleurs, le chef les fera prévenir lorsqu'il voudra porter ses colonnes en avant. Les réserves et les soutiens, s'ils ont suivi la ligne, reprendront leurs places dans les intervalles et sur les ailes des bataillons, au fur et à mesure que ceux-ci arriveront à leur hauteur. La ligne des tirailleurs, qu'elle avance, qu'elle soit de pied ferme ou en retraite, continuera son feu, et lorsque les colonnes ne seront plus qu'à trente ou quarante pas de la ligne, les tirailleurs les démasqueront en resserrant leurs intervalles vers la droite et vers la gauche de la ligne de chaque bataillon; ils continueront ensuite à marcher à hauteur des colonnes et agiront, ainsi que les soutiens et les réserves, comme il a été prescrit ci-dessus.

« Si l'attaque a réussi, et que les bataillons se déploient pour ouvrir leur feu, les tirailleurs se replieront rapidement en arrière des ailes des bataillons, et les compagnies y reprendront leurs places dans l'ordre primitif. Si le chef arrête les bataillons sans les déployer, les tirailleurs se lanceront à la poursuite de l'ennemi ; ils seront suivis successivement par leurs soutiens et leurs réserves, dans le cas prévu au n° 47.

« Si, au contraire, l'attaque a été repoussée, et que les bataillons soient obligés de se porter en arrière, les tirailleurs se rejoindront vers le centre des bataillons, et couvriront la retraite de ceux-ci par un feu vif et bien nourri.

« Dans une attaque à la baïonnette par des bataillons déployés, les compagnies de tirailleurs suivront en colonnes derrière les ailes. Si l'attaque a réussi, et que les bataillons soient arrêtés, sans qu'on leur fasse ouvrir le feu, le chef ordonnera immédiatement aux tirailleurs de couvrir le front des bataillons et de poursuivre l'ennemi. Si l'attaque était repoussée, les tirailleurs couvriraient la retraite en se déployant par le flanc.

« Dans certains cas, où le chef ne jugerait pas nécessaire de couvrir le front ou de garnir les intervalles des bataillons par les tirailleurs, il pourra leur faire suivre les colonnes à une certaine distance, ou même leur faire prendre en arrière ou sur le flanc une position plus ou moins à couvert, pour recueillir les bataillons en cas d'échec.

« Le chef d'une ligne de plusieurs bataillons pourra encore tirer un excellent parti des compagnies de tirailleurs en les réunissant sur un point, soit pour renforcer la ligne, soit pour la prolonger, soit enfin pour tourner l'une ou l'autre aile de l'ennemi. »

Lorsque plusieurs bataillons sont réunis pour manœuvrer ensemble, on se conforme à l'ancien règlement de 1833 sur les évolutions de ligne, c'est-à-dire à notre règlement de 1831 ; les chefs de bataillon, toutefois, font exécuter à leur bataillon les mouvements de l'école de bataillon du nouveau règlement et au moyen des nouveaux commandements.

On peut considérer deux ordres de bataille pour les troupes belges : l'*ordre déployé* et l'*ordre de combat*.

Dans le premier, les bataillons sont placés à 20 mètres d'intervalle (30 pas), au lieu de 16 mètres (24 pas) ; cet espace favorise le passage des lignes, notamment lorsque la cavalerie ou l'artillerie doivent passer ; les pelotons extrêmes n'ont pas besoin de se ployer en arrière en colonne pour permettre le mouvement.

Dans le second ordre, les tirailleurs couvrent le bataillon ou sont en colonne derrière les ailes. Lorsque les compagnies de tirailleurs sont déployées à vingt-quatre pas en arrière des ailes, elles sont en *ordre de manœuvre*.

Elles se placent dans cet ordre ou dans le précédent au commandement du chef de bataillon :

Compagnies de tirailleurs en ordre de manœuvre (ou de combat)!

Étant dans l'ordre de manœuvre, les compagnies de tirailleurs suivront les colonnes à la queue de leur bataillon dans les changements de front, les déploiements, etc.; elles conformeront leurs mouvements à ceux de leur bataillon.

Dans les carrés directs ou obliques par bataillon en colonne simple ou double, les tirailleurs qui se trouvent à la queue de la colonne formeront la quatrième face, ceux qui les précèdent formeront la réserve.

Lorsqu'une ligne déployée formera les carrés obliques sur l'aile droite de chaque bataillon, les tirailleurs de droite entreront dans la colonne derrière la quatrième division, pour former la réserve ; ceux de gauche formeront la quatrième face. L'inverse aura lieu dans la formation des carrés obliques sur l'aile gauche.

Dans les carrés de deux bataillons, lorsque la colonne a la droite en tête, la réserve est formée par la compagnie de tirailleurs qui se trouve à la queue du premier bataillon. — Dans les carrés de trois bataillons elle sera formée de la même compagnie des premier et deuxième bataillons. — Avec la gauche en tête, c'est la compagnie de tirailleurs qui est à la queue du premier bataillon, qui sert de réserve dans le premier cas, et celles qui sont à la queue du premier et du second bataillon dans le second cas.

Telles sont les règles que l'on doit suivre en manœuvrant avec des tirailleurs; ce sont les seules différences que présentent les évolutions de ligne belges avec celles de 1831.

En résumé, l'ordonnance belge est un composé de la théorie de nos chasseurs, des évolutions de 1831 et des principes des Suédois sur les tirailleurs et les colonnes de compagnies.

V

Manœuvres de l'infanterie espagnole.

——————

§ 1. Coup d'œil sur l'infanterie espagnole.

L'Espagne possédait au XVI⁰ siècle une infanterie aussi redoutable que renommée. Aujourd'hui, si l'armée espagnole attire l'attention publique, c'est que son infanterie est à la hauteur de celle qui s'illustra jadis sur les champs de bataille de Flandre et d'Italie. Jalouse de nos lauriers, elle a su recueillir sa part de gloire sur cette terre d'Afrique où nous avons depuis longtemps conquis la nôtre. Il n'est donc pas sans intérêt pour nous d'étudier la tactique particulière à cette arme.

Indiquons d'abord très-rapidement sa composition.

L'arme de l'infanterie compte :

40 régiments de deux bataillons chacun.

1 régiment fixe de *Ceuta*, de trois bataillons.

20 bataillons de chasseurs.

80 bataillons provinciaux (1).

Chaque bataillon de ligne se compose de huit compagnies, dont une de grenadiers et une de chasseurs.

Les bataillons de chasseurs ont chacun huit compagnies, qui n'ont d'autre distinction que leur numéro d'ordre.

Les bataillons provinciaux sont également de huit compagnies.

Il y a, par régiment d'infanterie de ligne, 1 colonel, 1 lieutenant-colonel (*teniente-coronel*), 2 premiers commandants, 17 capitaines, 2 lieutenants dans chaque compagnie et un nombre variable de sous-lieutenants.

Le régiment de Ceuta, comprenant trois bataillons, a dans son effectif le cadre d'un bataillon en plus (2).

Les bataillons de chasseurs sont commandés par un lieutenant-colonel; ils ont 1 commandant en second, 9 capitaines, 17 lieutenants et de 3 à 7 sous-lieutenants.

Les bataillons provinciaux comprennent dans leurs cadres : 1 commandant en premier, 1 commandant en second, 8 capitaines et 9 lieutenants, dont un fait les fonctions d'adjudant. Ces bataillons ont été organisés par décret du 6 mars 1857. Ils servent de réserve à l'infanterie.

Il existe en outre un collége de cadets de l'armée, créé par décret royal du 5 novembre 1850.

On peut remarquer en passant, d'après l'énumération qui vient d'être faite, qu'il y a dans l'infanterie

---

(1) Ces bataillons ont fourni 60,000 hommes pendant la guerre d'Afrique.

(2) C'est un régiment de discipline.

espagnole un plus grand nombre d'officiers que dans l'infanterie française. Ainsi, en 1859, l'effectif des officiers des 183 bataillons d'infanterie était de 5,634, dont 605 hors cadres et remplacés (1). Pour un même nombre de bataillons, nous avons environ 600 officiers de moins.

Tous les officiers de l'infanterie, tant des bataillons provinciaux et des chasseurs que des régiments, concourent entre eux pour l'avancement, et l'ancienneté roule sur toute l'arme par grades.

Nous ne comprenons pas dans l'infanterie le corps des hallebardiers. — On ne compte pas non plus ici les huit régiments de Cuba, les bataillons légers de cette colonie, les trois bataillons de Porto-Rico et les vétérans des Philippines.

Les régiments d'infanterie sont désignés par des noms particuliers, tels que régiment du Roi, de la Reine, de l'Infant, d'Afrique, de Cordoue, d'Isabelle II, etc.; il en est de même des bataillons de chasseurs.

§ 2. Organisation du bataillon.

Le bataillon est composé de huit compagnies (de six à l'époque de l'ordonnance), dont deux d'élite, une de grenadiers, l'autre de chasseurs; il se forme sur deux rangs ; les grenadiers se placent à la droite du bataillon, les chasseurs à la gauche, et les autres compagnies dans l'ordre de leur numéro à la gauche des grenadiers (2).

---

(1) Extrait de l'*Escalafon general de los senores, gefes y officiales* en 1° de enero de 1859 (Annuaire de l'infanterie).

(2) Titre IV, chapitre Ier, article Ier.

Le bataillon se divise en deux parties : demi-bataillon de droite, demi-bataillon de gauche.

La compagnie correspond à notre peloton ; elle se divise en deux demi-compagnies (*mitades*), et quatre quarts (*cuartas*) ; ce sont les sections et les demi-sections (1).

Les capitaines se placent à la tête de la compagnie, et le lieutenant le plus ancien de chaque compagnie à la tête de la seconde section.

Il y a ainsi seize officiers au premier rang, lorsque le bataillon est en bataille, et chaque compagnie se trouve divisée en deux fractions bien distinctes.

Les autres officiers sont sur le rang extérieur (*fila exterior*), autrement dit en serre-files, derrière le centre des subdivisions respectives qu'ils commandent. Le second lieutenant commande la deuxième demi-section ; le sous-lieutenant, quand il y en a un, la quatrième (2).

Il y a dans chaque compagnie un guide de droite de la première section, qui se place derrière le capitaine, et un guide de droite de la deuxième section, qui se place derrière le lieutenant qui la commande. Les guides de gauche sont en serre-files, excepté celui de la compagnie de chasseurs.

Le commandant en premier se place à trente pas en arrière du rang extérieur, vis-à-vis le centre du bataillon ; le commandant en second à six pas à gauche de celui-ci.

---

(1) Instruction de la compagnie, titre III, art. 1er.

(2) Le cadre complet d'une compagnie comprend, outre les quatre officiers : 1 sergent-major, 3 sergents, 5 caporaux en premier, 5 caporaux en second, 1 tambour, 1 cornet et 70 à 75 soldats.

L'adjudant (adjudant-major) se place à huit pas du centre du demi-bataillon de droite, le sous-adjudant à huit pas du centre du demi-bataillon de gauche.

Les sapeurs (*gastadores*) se forment sur deux rangs, à quinze pas des serre-files, derrière la première moitié de la compagnie de grenadiers ; à deux pas à leur gauche sont placés les tambours, et derrière ceux-ci les musiciens sur quatre rangs.

Dans les bataillons qui n'ont pas de sapeurs, on met à leur place douze chasseurs commandés par un sergent ou un caporal.

Dans toutes les réunions qui n'ont pas pour objet l'exercice ou les manœuvres de guerre, les musiciens, tambours et sapeurs se placent à la droite sur la ligne du bataillon ; l'adjudant à deux pas à la droite du capitaine de grenadiers ; le sous-adjudant à deux pas du sergent qui ferme la gauche des chasseurs (le sous-adjudant est un officier désigné par le commandant). Le commandant en premier se met devant le premier rang, à six pas, et à trois pas sur la droite du porte-drapeau (1).

Le bataillon a trois guides généraux qui se mettent en serre-files : le guide général de droite à la droite, le guide général de gauche à la gauche, et le guide du centre derrière la première file de la troisième compagnie, si le bataillon n'a que six compagnies ;

---

(1) Dans l'ordre de parade, le commandant, les tambours, sapeurs, etc., sont à la place qui vient d'être indiquée ; les chefs de section et le porte-drapeau à quatre pas en avant du premier rang et les adjudants sur leur alignement.

derrière celle de la quatrième compagnie si le bataillon en a huit.

Quand le drapeau (*la bandera*) est présent, il remplace le guide du centre. Les guides généraux portent un guidon (*banderola*) au bout du canon.

Le drapeau se place à la droite du demi-bataillon
de gauche. Sa garde, qui est comprise dans la section où il est placé, est composée d'un caporal par
compagnie, autant que possible décoré de la croix de
San-Fernando ou d'Isabelle II.

Ainsi, le bataillon espagnol est, à peu de chose
près, formé comme le bataillon français, et on ne
trouve pas chez nos voisins les *compagnies-divisions*,
ni les compagnies de tirailleurs placées en arrière
des ailes, qu'ont adoptées certaines puissances du
Nord.

Nous avons fait remarquer combien les Prussiens
et les Allemands sont ennemis du bruit inutile dans
les manœuvres. Leurs commandements sont courts,
et personne ne parle pendant l'exécution d'un mouvement. Nous mettrons en parallèle une prescrip-
tion du règlement espagnol, qui est digne de la sa-
gesse des Allemands et qui évite bien des causes de
désordre : « Lorsque le colonel ou le lieutenant-colo-
« nel ne sont pas présents, le commandant est le
« seul qui ait la faculté de corriger les fautes » (1).

Il serait à désirer que semblable règle fût observée
dans l'infanterie française ; cela éviterait bien des
paroles inutiles.

---

(1) Titre IV, *Prevenciones generales*, n° 6.

§ 3. Instruction individuelle. — École de compagnie.

Le règlement sur les manœuvres de l'infanterie date du 5 novembre 1855 (*Reglamento para el exercicio y maniobras de la infanteria, approbado por S. Majestad*).

Il ressemble beaucoup au règlement français. On y retrouve les mêmes principes, toutefois avec les perfectionnements et les progrès consacrés par notre ordonnance de 1845 sur les manœuvres de chasseurs à pied, perfectionnements que nous avons hésité longtemps à adopter pour l'infanterie.

La base essentielle de toute instruction, c'est la méthode. Dans l'instruction militaire, la meilleure méthode, c'est une progression raisonnée, dans laquelle on part du simple pour arriver au composé. L'ordonnance de 1831 sur les manœuvres de l'infanterie française est peut-être inférieure à celle de 1829 (ordonnance de cavalerie) sous plusieurs rapports, particulièrement sous celui de la progression; à ce dernier point de vue, elle le cède également, je crois, au règlement espagnol.

Le règlement sur les manœuvres se divise en cinq titres.

Le titre Ier a rapport aux batteries, aux signaux du tambour-major, au maniement du sabre d'officier.

Le titre II comprend deux chapitres qui traitent de l'instruction des recrues : position militaire, repos, repos à volonté, salut, demi-tour, différents pas, marche diagonale, alignements, conversions, maniement d'armes, charges, règles pour le tir à blanc, etc.

La position militaire est semblable à la position du soldat sans armes de l'ordonnance de 1831 ; mais l'arme se porte dans le bras droit; c'est le port d'arme de nos chasseurs.

Dans cette école les commandements sont à peu près les mêmes que les nôtres; les mouvements sont identiques.

Il faut remarquer que la charge élémentaire, qui correspond à notre charge en douze temps, ne se fait pas dans l'ordre des temps que nous avons adopté.

Le soldat, étant reposé sur l'arme, exécute un quart d'à-droite en tournant sur le talon gauche et en portant le pied droit à six pouces en arrière. Il saisit en même temps l'arme avec la main gauche, par le milieu du canon, et reste face en tête. Il prend la cartouche, la déchire, la met dans le canon, tire la baguette, bourre en frappant deux coups et remet la baguette en place.

Le soldat élève ensuite l'arme verticalement, en deux mouvements, vis-à-vis l'épaule, le chien à la hauteur du menton, arme, prend et fixe la capsule sur la cheminée. Enfin, étant dans cette position, il achève d'armer et met en joue.

Cette charge, imitée de celle des Anglais, est bien plus rapide que celle en usage dans notre armée. On peut lui reprocher un défaut : en amorçant après avoir mis la cartouche, le soldat ne peut pas toujours se rendre compte si son arme est partie.

La charge à volonté (*a discrecion*) s'exécute d'après les mêmes principes. Elle est un peu plus rapide que celle des Belges.

Les feux sont directs et obliques. Les feux d'ensemble s'exécutent comme les nôtres. Il en est de même du feu par file.

Les Espagnols n'ont pas adopté le feu par rang de nos chasseurs.

Le titre III comprend l'instruction de la compagnie ; il correspond à notre école de peloton.

Il suffit de reproduire la progression de ce titre pour en donner une idée presque assez complète, en faisant remarquer que l'exécution des mouvements a lieu d'après les règles prescrites par l'ordonnance française de 1831, et que le texte même du règlement diffère très-peu de celui de cette ordonnance.

Cette instruction renferme cinq chapitres.

CHAPITRE Ier. — *Formation d'une compagnie, ouvrir les rangs, etc.*

Art. 1er. Formation d'une compagnie.
    2. Ouvrir les rangs.
    3. Alignements à rangs ouverts.
    4. Maniement d'armes.
    5. Serrer les rangs.
    6. Alignements à rangs serrés.
    7. Feux.

CHAPITRE II. — *La marche.*

Art. 1er. Marche en bataille de front et en diagonale.
    2. Marche en retraite.
    3. Marche de front sur deux et quatre hommes de profondeur. Changement de direction par file. Contre-marche.
    4. Marchant par le flanc sur deux rangs, se mettre sur un rang, puis sur deux.

CHAPITRE III. — *Différentes manières de former la compagnie en colonne.*

Art. 1er. Étant en bataille, rompre en colonne par sections ou demi-sections à droite ou à gauche.

2. Étant en bataille, rompre en colonne par section en arrière à droite ou à gauche.

3. Marchant par le flanc droit ou gauche, se former en colonne par section.

CHAPITRE IV. — *Mouvements relatifs à la colonne.*

Art. 1er. Marche en colonne et changement de direction.

2. Marchant en colonne, diminuer et augmenter le front par demi-section (c'est-à-dire rompre et former les sections).

3. Faire passer des files en arrière et les remettre en ligne.

4. Colonne de route.

CHAPITRE V. — *Diverses manières de former la compagnie en bataille.*

Art. 1er. Étant en colonne, se former en bataille à droite ou à gauche.

2. Marchant par le flanc, se former par file à droite ou à gauche.

Le doublement des files, expliqué à l'article 11 de l'école des recrues (*doblar y disminuir el fondo*, doubler et réduire la profondeur), s'exécute d'après les principes de notre ordonnance de 1845.

On ne voit pas dans cette instruction de la compagnie notre mouvement de formation sur la droite ou la gauche en bataille par section ; par compensation, on y trouve la formation de la colonne par section en arrière à droite ou à gauche.

Les commandements, comme dans le titre II, sont à peu près la traduction des nôtres. Il en est de même de ceux de l'école de bataillon et des évolutions.

§ 4. École de bataillon.

L'instruction de l'école de bataillon fait l'objet du titre IV. Ce titre se divise en sept chapitres.

CHAPITRE Ier.

Art. 1er. Formation d'un bataillon.
    2. Manière de déterminer la ligne de bataille.
    3. Alignements.
    4. Ordre de parade.
    5. Ouvrir et serrer les rangs.
    6. Maniement d'armes.
    7. Feux.

CHAPITRE II.

Art. 1er. Marche en bataille de front.
    2. Marche en retraite.
    3. Marche par le flanc sur deux et quatre de profondeur. — Changement de direction par files.

CHAPITRE III. — *Différentes manières de se former en colonne.*

Art. 1er. Étant en bataille, se former en colonne à droite ou à gauche, par peloton ou division.

Art. 4. Former en bataille la colonne par division.

5. Marchant par le flanc, se former par file en bataille sur la droite ou sur la gauche.

Chapitre VI.

Art. 1ᵉʳ. Changement de front.

2. Passage des défilés.

Chapitre VII. — *Dispositions contre la cavalerie.*

Art. 1ᵉʳ. Étant en colonne double par division, former le carré.

2. Défense du carré.

3. Marche du carré.

4. Étant en carré, se former en colonne.

5. Étant en colonne, former le carré oblique.

6. Étant en bataille, former le carré oblique.

J'ai déjà indiqué la formation en bataille et l'ordre de parade.—Le tracé des lignes, les alignements, les feux, les marches, en un mot, tous les articles du chapitre Iᵉʳ et du chapitre II sont empruntés à l'ordonnance de 1831.

Dans les manœuvres, on marche toujours au pas redoublé. Le pas régulier ne doit servir que pour enseigner le mécanisme du mouvement.

Lorsqu'on doit exécuter la marche de flanc, on indique dans le commandement qu'on doit doubler les files.

Le bataillon espagnol rompt en colonne de la même manière que le bataillon français, par compagnies, sections, etc. — Lorsqu'il doit marcher en colonne sur une direction perpendiculaire au front, les compagnies rompent à droite, mais la compagnie de grenadiers marche droit devant elle un espace double de celui qu'elle occupait.

Ce mouvement (article 3 du chapitre III) est un corollaire des articles 1 et 2 du même chapitre. Notre ordonnance ne prévoit pas ce cas, et c'est avec raison, car il suffit de changer de direction aussitôt que la colonne se met en marche pour obtenir le même résultat. C'eût été grossir inutilement le texte de notre règlement que d'y introduire un mouvement aussi simple qu'inutile; on a cependant jugé convenable de le mettre dans l'ordonnance de 1829 sur les manœuvres de cavalerie (école d'escadron, article 2).

Le ploiement de la colonne, à distance ou à demi-distance ou en masse, par compagnie ou par division, et celui de la colonne en arrière des compagnies du centre (colonne double), s'exécutent exactement comme dans l'infanterie française et au moyen des mêmes commandements (1).

La *colonne progressive* (chapitre III, article 6), correspond à notre mouvement : rompre par la droite pour marcher vers la gauche. Cette manœuvre se fait avec moins de perte de temps que chez nous.

Chaque compagnie exécute successivement une conversion à gauche, après avoir dégagé son front en marchant huit pas en avant, et commence son mouvement seulement lorsque la compagnie qui est à sa droite arrive devant sa gauche; les compagnies ne

---

(1) 1. Por companias, columna cerrada sobre la primera (o segunda, etc.), derecha (ò izquierda) à la cabeza. — 2. Flanco derecho (o izquierdo doblando). — 3. Dere. — 4 Paso redoblado. — 5. Marche.

vont pas converser au point où était appuyée la droite.

La *colonne d'honneur* n'est autre chose que la colonne pour défiler.

Il est inutile de rappeler tous les mouvements qui sont la copie textuelle des nôtres ; je passe donc à ceux qui en diffèrent.

La contre-marche s'exécute toujours, quelle que soit la distance, comme la contre-marche de notre colonne serrée. C'est une simplification qui évite des erreurs et par suite le désordre.

Le mouvement de rompre les pelotons, que nous exécutons seulement lorsque la colonne est en marche, se fait aussi de pied ferme. Le bataillon étant en colonne par compagnie, le chef commande :

1. *Diminuer le front par section ;*
2. *Seconde section par le flanc droit, — à droite ;*
3. *Pas redoublé ;*
4. *Marche.*

Les secondes sections font par le flanc droit, déboîtent en arrière par file à droite, puis se redressent lorsqu'elles sont à distance de section, pour entrer dans la colonne perpendiculairement à son axe. Elles sont arrêtées et alignées à gauche par les capitaines.

Ce mouvement est l'inverse de celui qui a pour but de former les divisions de pied ferme.

La contre-marche a pour but de placer une colonne la gauche en tête, et réciproquement, pour marcher dans une direction symétriquement opposée. Le mouvement de l'article 7, chapitre 4, mène au même résultat, mais en laissant les grenadiers à la droite. Le bataillon étant en colonne par compagnie à distance entière, la droite en tête, le chef de bataillon commandera :

1. *Bataillon, pour changer la tête de la colonne ;*
2. *Deuxièmes sections, demi-tour à droite ;*
3. *Colonne en avant, guide à gauche ;*
4. *Pas redoublé ;*
5. *Marche.*

Au premier commandement, l'adjudant place un jalonneur devant le centre de la compagnie de grenadiers, à distance de section, et le sous-adjudant en place un autre en arrière de celle des chasseurs, à égale distance.

Au deuxième commandement, les deuxièmes sections font demi-tour ; au cinquième, tout le bataillon se met en marche ; la première section de grenadiers fait une double conversion autour du premier jalonneur, pour entrer dans la direction des deuxièmes sections et faire face du côté de la queue de la colonne. La deuxième section de chasseurs tourne également autour du deuxième jalonneur. Les autres sections suivent celles qui sont devant elles et changent de direction à mesure qu'elles arrivent à hauteur du jalonneur placé en avant d'elles.

Lorsque la première section de grenadiers est arrivée à la place qu'occupait la deuxième section de chasseurs, et la deuxième de grenadiers à la place de la première des chasseurs, et que par conséquent les compagnies sont réunies, le chef commande : *Halte, secondes sections, demi-tour à droite.* La position des guides est ensuite rectifiée.

On trouve dans les manœuvres Schramm un mouvement analogue appliqué à une ligne de bataille et appelé *changement de front sur l'emplacement de la ligne.*

Les tacticiens admettent que notre colonne double est la colonne d'attaque normale. Cependant, dans nos deux dernières campagnes, on s'est rarement formé dans cet ordre pour marcher à la baïonnette ou aller à l'assaut, parce qu'il n'y a pas de compagnie d'élite en tête. L'ordonnance espagnole enseigne un mode de formation de la colonne d'attaque dans lequel les grenadiers sont en tête (chapitre 4, article 8). Cette colonne se forme par compagnie, à distance de demi-section, les subdivisions se ployant en avant.

Les officiers en serre-files se placent sur les flancs, au premier rang de leurs sections respectives.

Le capitaine de grenadiers se met au premier rang sur le flanc droit; le drapeau se place au centre de sa compagnie.

A quarante pas de l'ennemi, le chef commande :

Colonne à la charge !

La compagnie de grenadiers croise la baïonnette.

L'ordonnance prescrit le silence et le plus grand ordre dans cette manœuvre, l'observation des distances et la plus grande harmonie dans la marche.

Elle recommande l'emploi de cette colonne:

« 1° Pour attaquer un retranchement ;

2° Pour enlever des positions en terrain difficile, escarpé et couvert ;

3° Quand l'ennemi se trouve posté avec de tels avantages qu'on ne peut aborder sa position que par une ou deux avenues ;

4° Toutes les fois que, défendant un retranchement, où effectue un retour offensif contre l'assaillant, en profitant du désordre causé par l'insuccès de son attaque pour tomber sur lui ;

5° Quand enfin on veut surprendre un bivouac, un camp, une position de l'ennemi. »

Notre règlement de 1831 n'est pas entré dans ces détails.

Parmi les différentes manières de se former en bataille, notons-en une que nous n'employons pas et qui peut être utile quelquefois.

C'est la formation *Face en arrière en bataille* sur une compagnie du centre d'un bataillon en colonne. Les principes de ce mouvement sont les mêmes que lorsqu'il s'exécute sur la compagnie de la tête. La compagnie qui sert de base et celles qui sont en avant font à gauche et tournent par file à gauche, celles qui sont en arrière font à droite et tournent par file à droite ; comme de coutume, des jalonneurs sont placés d'avance à huit pas de la compagnie qui doit servir de base.

Les changements de front peuvent s'exécuter également sur une compagnie du centre.

Le chef de bataillon commande :

1. *Bataillon, sur telle compagnie, changement de front le côté gauche en avant ;*
2. *Compagnies de droite, — à droite ;*
3. *Guide à droite ;*
4. *Par compagnie conversion à droite ;*
5. *Marche ;*
6. *Pas redoublé, = Marche.*

Toutes les compagnies conversent au quatrième commandement, et au sixième elles se dirigent vers la ligne de bataille, comme dans un changement de front sur une des ailes. Les compagnies qui ont fait demi-tour dépassent la ligne, sont remises face en tête et alignées.

Il reste, pour achever l'examen de l'école de bataillon, à parler des dispositions contre la cavalerie.

Le carré est toujours sur quatre rangs (1). Pour le former, le bataillon se ploie en colonne double sur le centre, ou en colonne par division sur la division de droite ou de gauche.

Le bataillon ployé en colonne pour former le carré, change toujours de direction par le moyen des conversions.

Le bataillon formé en carré peut se porter dans toutes les directions sans se remettre au préalable en colonne. A cet effet le chef de bataillon commande :

1. *Bataillon en avant de telle face ;*
2. *En avant ;*
3. *Guide au centre ;*
4. *Pas redoublé, = Marche.*

Si c'est la troisième face qui est désignée, la première et la quatrième font par le flanc droit et la deuxième demi-tour.

Lorsqu'on arrête le carré, les compagnies font face du côté extérieur, simplement au commandement

---

(1) C'est le général don Van Halen qui, le premier, introduisit en 1839, dans quelques régiments, le carré sur quatre rangs. Il formait les quatre rangs en faisant serrer les compagnies paires sur les compagnies impaires. — En 1837 ce carré avait déjà été employé en Espagne avec succès à l'affaire de Huesca et à celle de Barbastro (*Revista militar*, 1849).

Halte. Tous ces mouvements, que nous avions imaginés en 1845 pour les chasseurs, viennent d'être adoptés pour notre infanterie (1).

Le feu s'exécute par les deux derniers rangs, par file et par demi-section, une face ou deux à la fois; les deux premiers rangs mettent genou en terre et appuient la crosse à terre, en inclinant la baïonnette en avant.

Le carré oblique se forme étant en colonne, en changeant d'abord de direction par le flanc. Dans ce mouvement, les compagnies, qui ont doublé les files en faisant à droite, restent sur quatre rangs.

En bataille, le carré oblique se trace et se forme d'après les règles données dans nos évolutions de ligne; toutefois les files doublent pour former la colonne, et la première face se met sur quatre rangs, pendant que les autres forment la colonne.

Le carré plein (*el solido*) s'emploie contre la cavalerie, lorsqu'une colonne serrée est surprise par elle. La colonne s'arrête, la dernière subdivision fait face en arrière, et les capitaines des autres subdivisions font placer les cinq files des flancs extérieurs des sections dans l'espace vide qui sépare les subdivisions, etc. — Je parlerai plus loin de ce carré, en étudiant les évolutions de ligne.

§ 5. Évolutions de ligne.

Les évolutions de ligne de l'infanterie espagnole font l'objet du titre V et dernier de l'ordonnance.

---

(1) Instructions de 1861 et 1862.

Nos évolutions se divisent en cinq parties ; celles-ci se divisent en dix chapitres, qui comprennent un certain nombre d'articles correspondant à peu près à ceux de notre titre V. Voici seulement l'énoncé de ces chapitres.

Chap. 1ᵉʳ. Les alignements, les feux, etc.
    2. Différentes manières de former la colonne.
    3. Formations en bataille et déploiements.
    4. Mouvements relatifs à la colonne.
    5. Former la ligne par bataillon en colonnes (colonnes serrées en masse), et mouvements relatifs à cette ligne.
    Marche d'une ligne de bataillons en masse, en avant ou en retraite.
    Changement de front de cette ligne. — Former la colonne et la déployer par bataillon en masse, etc.
    6. Marche en bataille. — Changement de direction.
    7. Passage du défilé et en retraite.
    8. Changements de front perpendiculaires et obliques, et sur deux lignes.
    9. Passage des lignes en avant et en retraite.
    10. Dispositions contre la cavalerie. — Carrés par échelons ; carrés obliques étant en bataille, étant en colonne.

Les articles des trois premiers chapitres correspondent à la 1ʳᵉ et à la 2ᵉ partie de notre titre V. Ceux des chapitres 4 et 5 aux cinq articles de la 4ᵉ partie du même titre.

Le chapitre 6 renferme les mouvements des six premiers articles de la 5ᵉ partie. Le chapitre 7 correspond aux articles 8 et 9 de la même partie. Le 8°, à l'article 10 ; le 9°, à l'article 13 ; le 10°, à l'article 14.

Les différences que j'ai indiquées en parlant de l'école de bataillon se retrouvent naturellement dans les évolutions de ligne. Il en existe encore d'autres qui consistent plutôt dans les détails d'exécution des mouvements que dans les manœuvres mêmes.

La première que je rencontre, c'est dans la formation de la colonne en avant en bataille (n°s 250 et suivants de l'ordonnance espagnole).

La ligne est tracée comme cela est indiqué au n° 281 du titre V de notre ordonnance, par des officiers à cheval.

La colonne est arrêtée à distance de compagnie en arrière de la ligne. Le général en chef commande:

Bataillons en avant en bataille.

Le chef du premier bataillon, après avoir répété ce commandement, ajoute :

Par compagnie, conversion à gauche, guide à droite.

Les autres commandent :

1. *Pour serrer en masse sur la compagnie de grenadiers;*
2. *Pas redoublé ;*
3. *Marche ;*
4. *Guide à droite ;*
5. *Par la diagonale à gauche (1).*

---

(1) 1. A cerrar en massa sobre la compania de grenaderos.—2. Paso redoblado. — 3. Marc. — 4. Guias à la derecha.—5. Por la diagonal à la izquierda.

Les bataillons, moins le premier, serrent en masse.
Le commandant en chef commande alors :

Pas redoublé, = Marche.

Le bataillon de la tête se forme en avant en bataille, comme cela est indiqué au n° 372 de notre ordonnance. Les autres, en colonne serrée, déboîtent à gauche, marchent en suivant une direction diagonale vers la place qu'ils doivent occuper sur la ligne de bataille, et lorsque le guide de droite de chaque bataillon est à hauteur du point où doit appuyer la droite, la colonne change de direction pour se diriger carrément vers la ligne de bataille. Les bataillons sont arrêtés au fur et à mesure et déployés.

Le mouvement de face en arrière en bataille s'exécute également en faisant serrer en masse les bataillons de la colonne, à l'exception de celui de la tête.

En passant de l'ordre en colonne à l'ordre en bataille, au moyen de la colonne serrée, la troupe qui manœuvre est moins exposée aux coups imprévus d'une cavalerie entreprenante, que si elle exécutait ce mouvement avec des colonnes à distance. Elle peut plus facilement former contre elle le carré plein. — C'est d'ailleurs le but de ce carré, qui n'est autre chose que notre colonne contre la cavalerie.

On lit, en effet, au n° 764, le dernier des évolutions espagnoles : « La formation du carré plein (*el* « *solido*) n'étant pas applicable à une ligne de bataillons en colonnes, cette manœuvre s'emploiera « seulement dans les évolutions quand, dans l'exécution de quelque mouvement, les bataillons étant « en colonne serrée seront attaqués inopinément « par la cavalerie. Dans ce cas, les commandants des

« bataillons attaqués les feront arrêter et former le
« carré plein , d'après les règles expliquées au ti-
« tre IV, n°ˢ 535 et suivants. »

On sait que « toute troupe qui manœuvre est dans
« un état de crise, car elle ne peut, en manœuvrant,
« combattre et se défendre (1). » C'est à diminuer le
plus possible ce défaut que l'on doit s'attacher dans
les manœuvres dont on fait usage. L'ordonnance espagnole, dans ce mouvement, n'a pas méconnu cet
axiome.

En lisant ce règlement, on se demande pourquoi
il n'est pas fait mention de la *retraite en échiquier*,
ni de la *formation en échelons*. On ne trouve cette
dernière manœuvre que dans le chapitre des dispositions contre la cavalerie , et encore simplement
comme mouvement préparatoire. C'est sans doute
afin de simplifier les manœuvres que l'on a supprimé
la retraite en échiquier.

Le passage des lignes en avant ou en retraite
s'exécute comme il est prescrit dans nos évolutions.
La ligne qui traverse celle qui reste en place se ploie
en colonne double, et dans celle-ci les chefs de bataillon font ployer en arrière les compagnies des ailes
de leur bataillon, afin d'élargir l'intervalle.

Le passage des lignes en retraite n'est pas autre
chose qu'une retraite en échiquier. Les pleins d'une
ligne ne correspondent pas exactement aux vides
de l'autre ; ce n'est plus, il est vrai, l'échiquier
tel qu'on l'entend ordinairement, mais c'est peut-
être là ce qui fait la supériorité de cette manœuvre

---

(1) Ed. de la Barre-Duparcq, *Éléments d'Art militaire*, p. 180.

sur celle que l'on nomme *retraite en échiquier*. Les bataillons se soutiennent de la même manière que dans cette retraite, et n'ont pas, ce, qui est un grand inconvénient, de grands intervalles qui les séparent.

Quant à l'ordre en échelons, c'est aussi bien une formation de défense qu'une formation d'attaque, qui a été employée plusieurs fois à la guerre. En ne l'admettant que comme une disposition préparatoire pour former le carré, n'a-t-on pas fait là une lacune? Ce n'est pas cela qu'il fallait retrancher de notre règlement, après l'avoir imité en si grande partie.

Je terminerai l'examen de la théorie espagnole en disant deux mots des tirailleurs ou *guérillas*.

Sous le nom de *táctique légère*, le règlement espagnol renferme une instruction pour les tirailleurs, qui est entièrement calquée sur celle de nos chasseurs à pied.

Elle est due à Son Excellence le général D. Philippe Rivero, et a été approuvée par ordonnance royale en 1853. La formation des troupes en guérillas et les mouvements de guérillas s'exécutent à la voix du chef et au signal du clairon. Il y a vingt-deux sonneries. Pour appliquer ces sonneries, on les combine deux à deux, trois à trois, et on a ainsi un grand nombre de signaux correspondant à tous les commandements.

Cette instruction, déjà plus complète sous ce rapport que la nôtre, renferme en outre une combinaison assez ingénieuse de signaux particuliers qui servent à un guérilla avancé pour communiquer de prompts avis à la troupe dont il dépend.

Les signaux combinés (*assemblée, diane, feux,* etc.) correspondent aux indications suivantes :

Colonne d'infanterie à droite. — Colonne de cavalerie à droite.—Colonne des deux armes.—Guérillas d'infanterie. — Guérillas des deux armes. — Pièces d'artillerie ennemies. — L'ennemi se retire par la droite.—Le guérilla a besoin de renforts,—a besoin de munitions, etc. — En tout dix-huit.

On a proposé en France plusieurs systèmes de téléphonie appliquée à la guerre ; des expériences ont été faites à ce sujet, mais on s'est toujours borné dans la pratique au petit nombre de sonneries de l'ordonnance. Elles sont peut-être souvent insuffisantes. En effet les chefs de corps ont été souvent obligés d'adopter des sonneries particulières pour désigner les bataillons, les compagnies séparément, et pour remplacer certains commandements. On peut toujours leur reprocher, avec raison, d'être d'une grande difficulté à retenir, parce qu'elles ne rappellent point, par leur rhythme, des paroles exprimant leur objet.

Telles sont les remarques que nous a suggérées la lecture de cette théorie, et les renseignements que nous y avons puisés pourront sans doute servir à faire ressortir les avantages et les défauts de la nôtre.

VI

Manœuvres de l'infanterie italienne.

---

§ 1. Règlement piémontais. — École du soldat, etc.

L'armée italienne, composée de l'ancienne armée piémontaise, des troupes de l'Émilie, de la Toscane et des provinces napolitaines, n'est pas encore organisée d'une manière définitive (1). Nous n'en parlerons donc pas ; nous nous contenterons de faire remarquer que jusqu'à présent les règlements piémontais ont prévalu et ont été mis en vigueur dans toute

---

(1) En 1861, l'infanterie italienne comprenait 68 régiments d'infanterie et 36 bataillons de bersaglieri.

l'étendue du royaume, et nous examinerons de suite celui qui a pour objet les manœuvres de l'infanterie.

Il date du 17 octobre 1852, époque du ministère du général de la Marmora.

Il comprend, comme celui des autres armées, une école de soldat, une école de peloton, etc.

L'école du soldat, qui est la première instruction que l'on donne aux recrues, se divise en trois parties :

L'instruction individuelle sans arme ;
L'instruction de rang ;
Le maniement d'armes.

Si nous suivions, dans l'analyse de ce règlement, tous les détails de la progression des leçons, nous tomberions dans des redites et des longueurs inévitables, car nous retrouvons les mêmes principes, les mêmes règles que dans l'ordonnance française, dans celles des Belges et des Espagnols. Ces principes sont classés dans un autre ordre, voilà toute la différence.

Nous remarquerons dans l'école du soldat deux ports d'armes : celui de nos chasseurs, employé à l'exercice, et le port d'armes dans la main gauche, pour les parades.

Nous remarquerons aussi les différents pas, qui sont :

Le pas ordinaire, long de 75 cent., d'une vitesse de 110 à la minute ;

Le pas de charge, long de 80 cent., de 130 à la minute ;

Le pas de course, long de 90 cent., de 170 à la minute ;

Le pas d'école, long de 75 cent., de 75 à la minute.

Le pas rétrograde, long de 50 cent., de 75 à la minute.

Enfin nous avons à signaler :

La charge *en vingt-quatre mouvements*, que l'on fait en commençant, comme chez les Belges, par mettre la cartouche dans le canon et qu'on finit en amorçant ; charge dont les mouvements s'exécutent aux simples commandements de *un, deux ; un, deux ;* etc.

Le maniement d'armes comprend tous nos mouvements, mais exécutés en partant de n'importe quelle position ; ce qui élève à plus de 60 le nombre des mouvements que le soldat piémontais fait avec son fusil.

Dans tous ces mouvements, il est de règle, et cette bonne méthode existe dans quelques-uns de nos régiments, que les recrues comptent à haute voix *un, deux*, etc. C'est la meilleure manière de leur enseigner la cadence.

L'instruction de rang correspond à la troisième partie de notre école de soldat.

L'école de peloton sert d'intermédiaire entre l'école de soldat et celle de la compagnie.

Le peloton d'instruction se compose de :

  2 officiers.
  2 bas-officiers.
32 à 40 caporaux et soldats.
  1 tambour.

Il se divise en deux escouades.

Un des officiers est chef de peloton, et si le peloton fait partie d'une compagnie, il est en même temps chef de la première section. Le second officier commande la seconde section et l'un des sous-officiers est guide de droite ; l'autre sert de guide de gauche.

Le peloton fait sur deux rangs tous les mouvements dont notre peloton est susceptible, excepté ceux qui dans les 4°, 5° et 6° leçons exigent l'emploi des sections.

Il se forme ensuite sur quatre rangs, soit de pied ferme, soit en marche, de front ou de flanc. Ce sont toujours les numéros des files paires qui doublent sur les files impaires, que le numéro pair soit en avant ou en arrière.

Ainsi, le peloton étant par le flanc, la droite en tête, l'instructeur commande :

Par quatre, = Marche.

Le second rang, au commandement d'avertissement, fait un grand pas de côté à droite ; au commandement d'exécution, les numéros pairs passent à droite des numéros *impairs* qu'ils ont devant eux, en faisant *oblique à droite*.

Si la gauche est en tête, même mouvement préparatoire à gauche, et au commandement d'exécution, les numéros pairs font un grand pas de côté à gauche et se mettent en ligne avec les numéros impairs qu'ils ont derrière.

De cette manière, les files de quatre sont toujours composées des mêmes hommes, et les numéros qui forment le premier des quatre rangs sont toujours à ce même rang ; méthode plus avantageuse que la nôtre, qui empêche la confusion et permet de faire demi-tour sans intervertir les rangs.

Pour serrer, revenir sur deux rangs, le peloton italien suit les mêmes procédés que le nôtre. Il exécute sur quatre rangs presque tous les mouvements qu'il peut faire sur deux.

Un peloton isolé emploie plusieurs espèces de feux :

Le feu de peloton sur deux rangs.

Le feu de file sur deux rangs.

Le feu de rang, sur deux et sur quatre rangs.

Le feu de parade, sur deux rangs.

Ces mêmes feux se répètent par le second rang.

Les deux premiers n'offrent pas de différence avec les nôtres.

Dans le feu de rang, chaque rang, après avoir tiré, croise la baïonnette, et les deux rangs chargent ensemble.

« Les feux par rang, dit le règlement, sont particulièrement employés contre la cavalerie ennemie. Il peut arriver qu'après une première décharge, la cavalerie se retire, sans qu'il soit nécessaire d'en exécuter une seconde. Dans ce cas, le chef de peloton ne fait plus tirer le premier rang, mais commande : *Chargez.* Après le feu du second rang, celui-ci charge ses armes, tandis que le premier reste prêt à faire feu. Si l'on doit continuer le feu, c'est encore le second rang qui commence, le feu du premier rang étant conservé pour n'en faire usage qu'autant qu'on ne peut agir autrement. »

Le peloton étant sur quatre rangs de front, et les rangs serrés, le chef commande :

1. *Feu de rang, croisant la baïonnette* (1);

---

(1) 1. Fuochi di riga crociando la baionetta. — 2. Pelottone, = pront. — 3. Seconda riga, = punt. — 4. Attenti, = foc. — 5. Passat, = arm. — 6. Repetere il 3, 4 et 5 commando. — 7. Repetere il 3 et 4 commando. — 8. Prima riga, = punt. — 9. Attenti, = foc. — 10. Caricat.

2. *Peloton, = préparez ;*
3. *Second rang, = ajustez ;*
4. *Attention, = feu ;*
5. *Passez les armes ;*
6. *Répétez les commandements 3, 4 et 5 ;*
7. *Répétez les commandements 3 et 4 ;*
8. *Premier rang, = ajustez ;*
9. *Attention, = feu ;*
10. *Chargez.*

Les quatre premiers commandements s'exécutent comme dans le feu par rang. Au cinquième, les soldats du second rang redressent l'arme à la position d'apprêtez, se tournent un peu à droite et changent leurs fusils avec les hommes du troisième rang qui sont derrière eux ; les soldats des deux rangs présentent leurs fusils avec la main droite, les tenant à la poignée, et reçoivent les autres de la main gauche, au-dessous de la capucine ; le second rang exécute ensuite le commandement n° 6, avec l'arme du troisième rang, puis tire ensuite avec celle du quatrième.

Aux commandements 8, 9, 10, le premier tire, les autres croisent la baïonnette.

Le feu du premier rang est, autant que possible, conservé en réserve.

Le feu de parade s'exécute sur deux rangs. On fait trois décharges des deux rangs ensemble, les hommes visant en l'air.

L'école de peloton enseigne aussi les attaques à la baïonnette.

Elles s'emploient dans deux circonstances :

1° Pour défendre une position contre l'ennemi qui s'avance.

2 Pour attaquer une position occupée par l'ennemi.

Dans le premier cas, les armes sont chargées, armées et reposées ; lorsque l'ennemi s'avance, le chef fait faire un feu de peloton et commande : *Attaque à la baïonnette ; = Marche*. Le tambour bat la charge, les soldats croisent la baïonnette et se lancent à la course, en criant avec force : *Savoie !* Le chef de peloton marche sur la droite. Après 40 ou 50 pas, il arrête ses hommes et les reforme en ordre.

Dans le second cas, on met le peloton en marche à 200 pas de la position à enlever ; les hommes marchent l'arme descendue, serrés en ordre ; à 40 ou 50 pas, ils s'élancent comme précédemment à la baïonnette sans tirer.

§ 2. École de la compagnie.

La compagnie italienne se compose de :

    1 capitaine.
    3 officiers subalternes.
    5 bas-officiers.
   64 à 150 caporaux et soldats.
    2 tambours.

Au besoin, un de ces officiers peut être remplacé par un sous-officier.

La compagnie se divise en deux pelotons, qui prennent le nom de peloton de droite ou premier peloton, peloton de gauche ou second peloton. Les quatre escouades sont numérotées de la droite à la gauche.

10.

Les trois premières sont commandées par les trois officiers, dans leur ordre d'ancienneté; le plus ancien sous-officier commande la quatrième escouade.

Les divers ordres de formation de la compagnie sont :

     1° En bataille;
     2° En parade;
     3° De flanc;
     4° En colonne.

Dans la première, les deux pelotons sont sur la même ligne et séparés par une file creuse. Les chefs de peloton sont au premier rang, à la droite de leurs pelotons respectifs. Le capitaine est à cinq pas en arrière du centre de la compagnie. Les tambours à cinq pasderrière la troisième escouade.

Dans l'ordre de parade, le capitaine est à deux pas devant le centre de sa compagnie, et les tambours à cinq pas à droite du premier rang.

Dans la formation par le flanc ou en colonne, les chefs et les guides sont placés comme les nôtres à l'école de peloton, et, dans ces deux cas, le capitaine reste sur le flanc, du côté de la direction.

Les principes de notre école de peloton se retrouvent dans l'école de compagnie. Les mouvements de cette école se font à l'allure du *pas ordinaire* italien (110 à la minute); les formations et déploiements au *pas de charge*.

Observons que les changements de direction s'exécutent toujours par des conversions régulières; que, lorsqu'on forme en ligne une subdivision par le flanc, le commandement indique toujours le côté où les files doivent obliquer ; — il en est de même pour former et rompre les pelotons, les escouades, etc., lorsque la compagnie est en colonne par peloton (1). De cette manière, il n'y a pas d'erreur possible, pas de confusion ; les hommes savent de suite de quel côté se diriger. — Remarquons aussi que la contre-marche s'exécute toujours par le flanc droit.

L'école de compagnie renferme plusieurs mouvements qui n'existent pas dans notre école de peloton; ce sont :

— Rompre par peloton par la droite pour marcher vers la gauche, et *vice versâ*.

— Par peloton en arrière à droite, ou à gauche, en colonne.

— Par peloton en colonne, la droite en avant ; de même la gauche en avant : c'est-à-dire, rompre la compagnie en colonne par peloton dans une direction perpendiculaire à la ligne de bataille, le deuxième peloton obliquant à droite.

— Formation de la *masse défensive ;* mouvements de la masse et reformer la colonne.

— Mouvements par inversion; mouvements par le second rang.

— Feux successifs d'escouade et de peloton, et attaques à la baïonnette.

— Défilé par peloton et par un.

De tous ces mouvements , nous n'avons à parler que de la formation en *masse défensive*. Les autres

---

(1) On commande : Pelottoni in linea, obliqu'a sinistr.,=Marche. — Guida a destr. — Dans le second mouvement : Formate pelottoni, obliqu'a sinistr. = Marche.

ont leurs analogues dans notre école de bataillon. Les règles pour les inversions sont celles que nous suivons à l'école de bataillon; il en est de même des mouvements par le second rang. Ce que nous avons dit plus haut sur les attaques à la baïonnette s'applique à l'école de compagnie. On y a ajouté quelques recommandations nouvelles, entre autres celle de se conserver toujours la possibilité d'une retraite en cas d'échec, et celle d'avoir la précaution d'indiquer d'avance aux officiers, sous-officiers et guides, le point où l'on se rallierait si l'on était repoussé, et d'y envoyer aussi d'avance un tambour, etc.

La *masse défensive* se forme lorsque, dans un pays découvert, la compagnie étant en colonne par escouade, les chefs de la seconde et de la troisième escouade les font marcher sur quatre rangs et serrer. Au commandement de *Marche* du chef de peloton, ces chefs font faire à droite aux premières demi-escouades de droite, les guides font faire à gauche aux demi-escouades de gauche de la deuxième et de la troisième escouade, la subdivision de la tête s'arrête, celle de la queue serre et fait face par le second rang. Les chefs, serre-files et tambours entrent dans l'intérieur du carré, après l'alignement des faces, lequel s'exécute sans commandement.

La compagnie en *masse défensive* emploie les feux de rang contre la cavalerie. On a soin de ne tirer que du côté attaqué. Si les fourrageurs ennemis inquiètent à distance la compagnie ainsi formée, on fait sortir quelques bons tireurs, qui rentrent dans l'intérieur du carré s'ils sont pressés par l'ennemi, et qui, au besoin, se jettent à terre en avant du premier rang, s'ils sont serrés de trop près.

Le capitaine peut faire marcher sa compagnie formée dans cet ordre d'un côté quelconque, en désignant de quel côté elle doit se porter en avant.

On reforme la colonne par les moyens inverses.

Tous ces mouvements sont semblables à ceux qu'une compagnie française peut exécuter en tirailleurs, d'après notre nouvelle instruction de 1862.

§ 3. École de bataillon.

Le bataillon piémontais se compose de quatre compagnies numérotées de la droite à la gauche dans l'ordre de bataille ; la compagnie comprend deux pelotons, et tous les pelotons sont numérotés dans le même ordre de un à huit. Les sections sont numérotées dans chaque compagnie de un à quatre.

Deux compagnies forment une division. Il n'y a que deux divisions dans un bataillon italien. Elles sont nommées première division ou division de droite, et deuxième division ou division de gauche.

Chaque compagnie est commandée par son capitaine ; la position des chefs de peloton et d'escouade est déterminée dans l'école de compagnie ; celle du capitaine le sera plus loin.

L'état-major du bataillon comprend :

1 major, commandant ;
1 adjudant-major ;
1 officier subalterne porte-drapeau ;
1 fourrier-major ;
1 caporal-major ;
1 tambour-maître et des sapeurs.

Les ordres de formation sont :

1° En bataille ;

2° En parade ;

3° De flanc ;

4° En colonne par escouade, peloton, compagnie et division ;

5° En colonne d'escouade, de peloton et de compagnie avec le centre en tête ;

6° En carré ou en masse défensive.

Dans tous les ordres de formation, les lignes sont tracées par les guides et le drapeau, lesquels sont surveillés par l'adjudant-major et le fourrier-major. Trois fanions, rouge, bleu, jaune, facilitent le placement des guides ; les fanions sont portés : le rouge, par le guide de droite du premier peloton ; le bleu, par le guide de gauche du quatrième ; le jaune, par celui du huitième.

Lorsque le bataillon est en bataille, les pelotons sont rangés comme les nôtres ; mais le drapeau est placé à cinq pas en avant du centre et les capitaines à cinq pas en arrière du centre de leur compagnie ; les sapeurs sont à quinze pas derrière la compagnie qui est à droite du drapeau, les tambours à la même distance derrière celle qui est à gauche.

Dans l'ordre de parade, les capitaines sont à deux pas devant le centre de leur compagnie, le drapeau est à deux pas en avant du centre du bataillon ; les tambours, sapeurs, l'adjudant-major, etc., sont à la droite.

En colonne par compagnie, les capitaines sont à deux pas devant le centre de leur compagnie ; en colonne par division, c'est le plus ancien qui commande, l'autre est en serre-file.

Dans toutes les colonnes dont le front est plus petit qu'une compagnie, les capitaines se tiennent sur le flanc de la colonne, du côté de la direction.

Nous ne citerons de l'école de bataillon que les mouvements qui ne sont pas dans la nôtre ou qui se font d'une manière différente.

Les colonnes se forment comme celles de l'infanterie française. Elles sont aussi nombreuses et aussi variées : colonnes à distance, colonnes serrées, colonnes sur le centre, etc.; mais le guide est à droite lorsque la droite est en tête et à gauche lorsque c'est la gauche, et les éléments des colonnes serrées sont à cinq pas au lieu de six.

De plus, les Piémontais forment la colonne par demi-bataillon (par division) et par section (par escouade) sur le centre.

Ces manœuvres ressemblent encore aux nôtres, si ce n'est que le major commande simplement :

Colonne serrée sur tel peloton avec la droite en tête,=Marche (1);

ou :

Colonne serrée sur les pelotons du centre, = Marche.

Tous les autres commandements : *Par quatre par le flanc droit; Halte,* etc., sont faits par les chefs de subdivision.

---

(1) Colona serrata sul terzo (o quinto etc.) colla destra in testa = Marche; *ou* colonna serrata sui pelottoni del centro=Marche.

Les Piémontais forment en outre la colonne de ces trois manières :

1° Par les pelotons du centre en avançant;

2° Par les compagnies du centre de même en avançant;

3° Par les escouades du centre en avançant.

Voici l'exécution du premier mouvement :

Le bataillon étant de pied ferme, le major commande :

> *Par les pelotons du centre en avant en colonne,=*
> *Marche.*
> *Guide à droite* (ou *à gauche*, ou *au centre*).

Le demi-bataillon de droite se prépare à rompre par peloton à gauche, celui de gauche par peloton à droite.

Au commandement d'exécution, les deux pelotons du centre marchent en avant formant une seule subdivision et continuent ainsi jusqu'à ce que le major fasse un autre commandement. Les autres pelotons rompent, marchent, puis conversent et le suivent en colonne en venant se réunir deux à deux, afin de former les subdivisions d'une colonne de deux subdivisions de front (colonne double). A mesure que les pelotons se réunissent, après avoir conversé, le capitaine en prend le commandement et indique le côté où est le guide.

Les guides, chefs de subdivision, serre-files, etc., sont placés comme dans la colonne double.

Les deux autres formations sont soumises aux mêmes règles; on applique aux escouades et aux compagnies ce qui est prescrit pour les pelotons.

Les colonnes sont déployées exactement comme les nôtres. Il en est de même de la colonne double, qui est aussi susceptible de tous les mouvements que fait la nôtre.

De plus, la colonne double étant à distance entière, on la déploie en avant par la conversion à droite et à gauche des pelotons (en avant en bataille).

On serre les colonnes et on prend les distances sur une subdivision quelconque, comme sur celle de la tête ou de la queue de la colonne, et ces mouvements se font aussi bien étant de pied ferme qu'étant en marche.

La marche en bataille est réglée comme la nôtre; mais pour passer un obstacle, les pelotons marchent simplement par le flanc en files doubles derrière le peloton voisin. On les remet en ligne après l'obstacle.

Si le terrain est boisé et difficile, tous les pelotons marchent par le flanc, leur tête autant que possible à la même hauteur, dirigés par le drapeau et les fanions.

Les carrés perpendiculaires et obliques sont ceux de l'ordonnance de 1845; ils peuvent se mouvoir comme eux.

Le carré sur quatre rangs est aussi semblable à celui de l'ordonnance de 1845. Il se forme étant en colonne par peloton sur le centre (colonne double) ou étant en colonne de compagnie à demi-distance, la droite ou la gauche en tête.

L'école de bataillon comprend encore une formation spéciale, celle de la masse en défense, disposition employée principalement contre la cavalerie.

—On suppose le bataillon en colonne serrée de compagnie, la droite en tête, ou en colonne serrée par peloton sur le centre et n'ayant pas le temps de prendre les distances convenables pour former le carré.

La colonne étant de pied ferme, le major commande :

Formez la masse en défense,══Marche.

Les chefs de la deuxième et de la troisième subdivision commandent :

Par quatre,══Marche.—Pelotons en avant.

Celui de la subdivision de la queue commande :

Compagnie en avant.

Les tambours, sapeurs, etc., entrent dans la colonne. La subdivision de la tête ne bouge pas ; les trois autres serrent à distance de rang. Les files des pelotons de la deuxième et de la troisième subdivision font à gauche et à droite, face vers le dehors du carré et serrent ; le chef de la troisième subdivision lui fait faire face en arrière. Le major commande ensuite :

Guides à vos places (1).

Cette manœuvre peut s'exécuter également en marchant.

Nous avons vu cette même formation dans l'école de compagnie ; de même les attaques à la baïonnette, les inversions, etc., sont réglées d'après les principes qui ont été exposés dans l'école de compagnie.

---

(1) A — posto.

§ 4. Évolutions de ligne.

Les évolutions de ligne du règlement piémontais se divisent en deux parties : la première comprend les manœuvres de quatre bataillons, c'est-à-dire d'un régiment ; la seconde celles de huit bataillons, c'est-à-dire celles d'une brigade. L'école de régiment est distincte de l'école de brigade ; elles ne sont pas confondues comme dans notre règlement.

Les bataillons déployés sont séparés par un intervalle de vingt pas. En colonne, ils sont à distance de déploiement, c'est-à-dire qu'ils sont espacés de manière à être séparés par un intervalle de vingt pas une fois déployés.

Lorsqu'une brigade entière manœuvre, tous les bataillons peuvent être sur une seule ligne, ou bien ceux d'un régiment se placent en première ligne et ceux de l'autre en seconde, ces derniers ployés en colonne et éloignés de la première ligne d'une distance qui varie suivant les circonstances.

Les évolutions d'un régiment sont exactement pareilles à celles qui sont développées dans notre ordonnance de 1831 ; toutefois, on y a ajouté quelques-uns des mouvements dont nous avons déjà parlé en analysant l'école de bataillon.

Dans les changements de front en avant, au lieu de ployer les bataillons en colonne double, on les forme en colonne en avançant par les pelotons du centre (1). On dispose les échelons de façon à avoir

----

(1) Voyez p. 154, l'explication de ce mouvement.

le centre en avant aussi bien que les ailes; ils sont d'un ou de deux bataillons. On peut faire changer de front à la ligne ainsi formée. Les bataillons peuvent être échelonnés, soit formés en colonne, soit déployés.

Lorsque les échelons sont établis, il existe plusieurs dispositions particulières que le règlement prescrit d'employer contre la cavalerie. Elles consistent à former les carrés et à porter le quatrième bataillon en arrière du premier sur la ligne parallèle; tous les carrés formés présentent la figure d'une redoute.

Si la brigade est sur deux lignes, les bataillons des ailes se disposent en carrés; ceux du centre se déploient en tirailleurs.

§ 5. Complément de l'instruction : — École des chasseurs. — Escrime à la baïonnette. — Escrime au bâton.

Indépendamment des Bersaglieri, les Italiens emploient au service des tirailleurs les compagnies de chasseurs de l'infanterie de ligne. Leur règlement d'exercice comprend une instruction spéciale pour les mouvements des chasseurs, de plus une instruction sur le tir et sur les armes, et enfin la théorie de l'escrime à la baïonnette et celle de l'escrime au bâton.

On a une attention toute spéciale à dresser les soldats aux exercices de tirailleurs; on les y prépare par une éducation individuelle à laquelle on donne beaucoup de soin; on remet ensuite les hommes en file, puis en *quadrille* de huit ou douze files; après cela on donne la leçon à une escouade (section), puis à un peloton et enfin à toute la compagnie.

Tous les mouvements sont réglés sur un nombre de files paires, avec une scrupuleuse exactitude; à part cela, les déploiements, les feux en avant, la manière d'étendre la chaîne (prendre les intervalles), etc., tout est conforme aux principes de l'ordonnance de 1845.

Donner une grande initiative au tirailleur, développer ses facultés en étendant son instruction individuelle, augmenter par là sa force et son action, tel est le résultat que l'on doit se proposer d'obtenir aujourd'hui en formant les soldats. — Avec le système de guerre moderne, c'est le but vraiment utile qu'il faut atteindre, c'est celui vers lequel tendent toutes les nouvelles théories de manœuvres, celles des Piémontais comme les autres; mais n'est-ce pas le manquer en partie que de vouloir régulariser par trop le combat de tirailleurs et de chercher une symétrie constante? N'est-ce pas le défaut du règlement italien qui nous occupe en ce moment, et celui de bien d'autres?

En effet, qu'arrive-t-il dans les exercices?

Un homme reste en arrière, un autre se trompe, deux, trois soldats ne sont plus à leur poste, voilà le numérotage interverti, et toute la ligne en désordre! Qu'est-ce que cela sera lorsque le feu de l'ennemi viendra déranger cette magnifique symétrie que vous avez pris tant de peine à calculer! Toute l'harmonie de vos mouvements sera détruite par un seul coup de fusil.

L'escrime à la baïonnette n'a pas sans doute une grande utilité pratique.

A la guerre, on voit rarement deux fantassins se livrer un combat singulier avec leur arme blanche ; mais comme exercice militaire, c'est un bon travail. Il assouplit, rend léger, adroit, fortifie le corps et contribue puissamment à l'entretien de la santé. L'escrime à l'épée en est la base ; l'escrime au bâton, qu'on enseigne au fantassin piémontais, n'est qu'un accessoire. Cependant, si la première est indispensable, la seconde a également son côté utile. Nous regardons comme une bonne inspiration la pensée d'avoir introduit ce genre de gymnastique dans l'enseignement militaire. Mais pourquoi n'en avoir pas fait autant pour l'épée ?

Dans le règlement italien, l'escrime au bâton est réduite aux mouvements les plus simples, expliqués seulement en quelques pages ; la progression de ces mouvements est calquée sur celle de l'escrime à la baïonnette. On commence par des mouvements simples d'attaque et de parade, on continue par des mouvements composés, et on arrive à l'assaut. — Les leçons se donnent simultanément à plusieurs soldats (1).

L'escrime à l'épée pourrait s'enseigner de même. Nous regrettons de ne pas voir aussi cette innovation dans le règlement piémontais. — Peut-être l'introduira-t-on un jour dans les nôtres. — En le faisant,

____

(1) Le bâton a de cinq pieds et demi à six pieds et se tient avec les deux mains. — En 1853, on enseignait de cette manière ce genre d'escrime aux voltigeurs du 34ᵉ régiment d'infanterie.

on arriverait à régulariser les principes d'un art qui tombe en décadence tous les jours, même dans les rangs de l'armée, parce qu'il est abandonné, surtout dans les régiments, aux errements de la routine des maîtres.

⟞⟶•••⟵⟝

VII

Manœuvres de l'infanterie anglaise.

---

§ 1. Idée générale de l'armée anglaise. — Armée permanente. — Armée des Indes. — Milices.

L'Angleterre, qui, de toutes les puissances européennes, possède la marine la plus imposante, est en même temps celle dont l'armée de terre est relativement la plus faible et la moins bien organisée. Cela tient à plusieurs causes.

Sa position insulaire, ses frontières naturelles, ses nombreux vaisseaux, sont des remparts suffisants contre une invasion ; ils la dispensent d'entretenir sous les armes un effectif nombreux de troupes. D'un autre côté, le caractère indépendant de ses habitants et leur esprit aventureux, mercantile, avide de gain autant que de liberté, dirigent toutes les idées du côté de la mer et leur inspirent une profonde répugnance pour le service militaire. Ce sentiment se traduit par le rapport qui existe entre le budget de la guerre et le budget général de l'État. C'est celui qui est comparativement le moins élevé de l'Europe, et cependant l'Angleterre regarde son armée comme une charge écrasante.

Quoiqu'on puisse faire remonter l'origine des corps soldés et constitués régulièrement à l'époque de Richard III et de Henri VIII, qui réunirent en troupes quelques gentilshommes pour s'en faire une garde d'honneur, l'Angleterre n'avait réellement point d'armée permanente avant les guerres civiles du XVIIᵉ siècle.

Charles II (dont l'avénement date de 1660), en créant une garde royale de 5,000 hommes, forma le noyau d'une armée nationale permanente. Guillaume III, voyant une invasion des Français imminente, fit enrôler plus de 7,000 hommes, et, dès Georges Iᵉʳ, cette armée s'élevait à 17,000 hommes. Le reste était complété par des étrangers, des mercenaires.

Pendant les grandes luttes qui ont agité l'Europe, avant et après la révolution de 1789, ce fut encore avec des mercenaires qu'elle tira du Hanovre, de la Hesse, des Pays-Bas, que l'Angleterre recruta les éléments des armées qu'elle répandit sur le continent.

L'effectif de ses troupes soldées a varié constamment, suivant les besoins.

En 1713, l'armée anglaise proprement dite n'était

forte que de 40,000 hommes, et cet effectif resta à peu près le même pendant toutes les guerres du XVIII° siècle.

En 1792, il s'élevait seulement à 44,000 hommes; mais, à l'époque de la paix d'Amiens, il était de 172,000 hommes, et quand l'Angleterre se crut menacée d'une invasion de Napoléon, elle l'augmenta encore. Elle eut alors 190,000 hommes de troupes régulières et milices soldées, 35,000 hommes de réserve et 470,000 de levée en masse.

En 1814, l'armée régulière permanente était de 261,000 hommes.

Son effectif diminua après Waterloo; en 1820, il n'était plus que de 88,000 hommes. Depuis 1830 jusqu'à la guerre d'Orient, il n'a pas dépassé en moyenne 100,000 hommes et 20,000 aux Indes. Ainsi, en 1835, il était de 95,396, et, en 1853, de 116,945, dont 26,463 aux Indes.

Pendant la guerre de Crimée, ses forces s'élevèrent jusqu'à 265,000 hommes, non compris 125,000 hommes de milice et l'armée des Indes.

En 1860, lord Palmerston déclarait au Parlement que l'armée active ne dépassait pas 60,000 hommes et les milices 120,000.

Aujourd'hui l'armée anglaise comprend :

° Les troupes permanentes, 212,773 hommes;
2° Les milices, 135,000 hommes ;
3° L'armée des Indes, 60,044 hommes ;
Et les volontaires, qui ont compté en 1861 jusqu'à 480,000 hommes.
Les troupes permanentes se composent de :
100 régiments d'infanterie.

3 régiments de gardes (2 grenadiers, 1 fusiliers-écossais).

18 régiments de dragons.

3 régiments de gardes du corps (2 life-guards et 1 horse-guards).

Le corps royal d'artillerie $\begin{cases} 1,516 \text{ hommes à cheval.} \\ 19,731 \text{ hommes à pied.} \end{cases}$

Le génie, fort de 4,535 hommes.

Le corps sanitaire, 1,002 hommes.

Le train, 1,909 hommes.

Les troupes européennes qui faisaient partie de l'ancienne armée des Indes ont été incorporées, dès le 1er août 1860, dans l'armée royale et sont soumises comme celle-ci au commandant en chef.

Elles comprennent maintenant :

Cavalerie.	5,016 hommes.
Infanterie	48,898
Artillerie à cheval.	829
Artillerie à pied. .	5,298
Dépôts.	6,688 et 21,904 chevaux.

Total, 65,729 hommes.

Non compris les cipayes, qui sont bien moins nombreux qu'autrefois (1).

Pour compléter les forces militaires britanniques, il faut ajouter :

Le corps de police militaire de l'Irlande.

---

(1) Avant la révolte des Indes, l'armée hindo-britannique comptait : des troupes de la reine, donnant un effectif de 25,000 hommes au moins, des régiments européens à la solde de la compagnie et des régiments

Le régiment maltais (tout entier maltais, officiers compris).

Les trois régiments de l'ouest des Indes (*West-India regiments*).

La brigade de tirailleurs de Ceylan (*Ceylan rifle-brigade*).

Les chasseurs à cheval du Cap de Bonne-Espérance (*Cape mounted riflemen*), composés de Hottentots et d'Européens.

Le régiment royal des tirailleurs du Canada (*Royal Canada rifle-regiment*).

Le régiment de Sainte-Hélène (volontaires tirés des autres régiments).

De plus, les troupes d'artillerie et d'infanterie de la marine qui sont dans les colonies.

Les troupes permanentes ne se recrutent point comme dans les autres pays.

La conscription est inconnue ; aucun Anglais n'est astreint au service de l'État. Les soldats sont enrôlés au moyen de primes d'argent par des officiers et sergents recruteurs. Généralement l'officier recruteur agit ainsi :

---

de cipayes (naturels du pays), dont les officiers supérieurs seuls étaient Anglais.

Elle se subdivisait ainsi :

Armée du Bengale.	2	régiments	européens.
	74	—	de cipayes.
Armée de Bombay.	2	—	européens.
	29	—	de cipayes.
Armée de Madras.	2	—	européens.
	52	—	de cipayes.

Total, 320,000 hommes.

Il visite les cabarets, les centres de réunion habituels des ivrognes, des gens oisifs, paresseux ou sans travail ; il se met en rapport avec eux, leur fait boire de la bière ou du wisky, exalte à leur imagination échauffée par de copieuses libations les délices de la vie militaire, fait briller à leurs yeux quelques souverains, et lorsqu'ils ont accepté, devant témoins, la prime qu'il leur offre, il inscrit leurs noms sur les contrôles, et ils appartiennent à l'armée de la reine.

La durée du service est de dix ans dans l'infanterie, de douze ans dans la cavalerie et l'artillerie.

La reine est le chef officiel de l'armée, mais le droit de commandement est renouvelé chaque année par le Parlement, qui s'est déclaré seul maître de disposer de la force armée, dès le règne de Guillaume III.

Sous les ordres de la reine, l'armée est commandée et administrée par :

1° Le ministre secrétaire d'État (*the secretary of state of war*) ;

2° Le commandant en chef (*the commandant in chief of the forces*).

L'armée anglaise a en réalité deux chefs, qui sont indépendants l'un de l'autre. — Le ministre est responsable vis-à-vis le Parlement de la bonne administration de l'armée. Il est chargé de l'administration des fonds, de l'entretien des troupes, de la conduite des opérations militaires, des services administratifs, de la direction des établissements militaires. — Le commandant en chef, responsable seulement devant la couronne, est chargé de l'instruction des troupes, des nominations, des commissions d'officiers, de l'organisation tactique, des nominations de l'état-major, des permutations, des retraites, des jugements des cours martiales ; il est chargé, en outre, de recevoir les rapports des officiers généraux, de la promulgation des règlements , etc. Pour la nomination des officiers supérieurs, il se concerte avec le ministre.

Autrefois, les différentes branches de l'administration de l'armée étaient dirigées par plusieurs départements distincts : ainsi, l'artillerie avait un maître général de l'ordonnance, position correspondante à peu près à notre ancien grand maître de l'artillerie. Cette subdivision amenait de la confusion par le défaut d'unité ; elle a été supprimée.

Après le ministre et le commandant, marchent les feld-maréchaux, les généraux d'armée (grades auxquels les nôtres ne correspondent pas), les lieutenants généraux (généraux de division), les majors généraux (généraux de brigade), et enfin les brigadiers généraux, qui n'ont qu'un rang temporaire.

Ces grades forment l'état-major général. Il n'y a pas en Angleterre de corps d'état-major comme en France.

L'état-major particulier est constitué d'une tout autre façon. Les officiers qui en font le service sont pris dans les corps ; leurs fonctions sont plutôt des fonctions de bureau que des fonctions militaires ; la dénomination des grades même le rappelle. Ce sont : les *adjudants généraux*, les *quartiers-maîtres*, les *secrétaires militaires*.

Les officiers se recrutent parmi les jeunes gens riches (*gentry*). L'esprit mercantile des Anglais se retrouve dans leurs institutions militaires. Tous les grades s'achètent, jusqu'à celui de colonel ; excepté dans l'artillerie et le génie.

Ces grades sont à peu près les mêmes que les nôtres. Le premier, celui d'enseigne, correspond à sous-lieutenant. Après lui viennent le lieutenant, le capitaine, dont l'emploi dans la ligne se vend ordinairement 50,000 francs, puis le major, le lieutenant-colonel et le colonel.

L'avancement est une question de temps et d'argent. On devient enseigne soit en sortant du collége militaire de Sandhurst, ou de celui d'Addiscombe, quand on veut entrer dans l'armée des Indes, soit en passant des examens insignifiants, qui roulent particulièrement sur la fortification, et en achetant une commission. Il faut avoir au moins seize ans pour obtenir le grade d'enseigne.

L'officier qui vient de recevoir sa commission arrive au régiment sans rien savoir. Il se pourvoit d'un uniforme de troupe et va six mois à l'exercice comme soldat. Toutefois, sitôt après l'exercice (*drill*), il reprend sa tenue d'officier, son rang et sa position dans le monde, et peut, en raison de sa naissance, de sa noblesse, avoir le pas sur les officiers d'un grade supérieur au sien.

Peu d'officiers sortent des rangs ; on les nomme officiers *non commissionnés ;* ils ne jouissent pas de la même considération que les autres.

Quelques officiers, qui se sont signalés d'une manière quelconque, reçoivent quelquefois le brevet du grade supérieur ; on les nomme officiers *par brevet.* Ainsi, un capitaine peut devenir *major* et même *lieutenant-colonel*, sans cesser d'être capitaine. Il a le rang supérieur dans les autres régiments et seulement celui de capitaine dans le sien.

La solde, dans l'armée anglaise, est beaucoup supérieure à la nôtre. Elle varie de 1 fr. 20 à 1 à 50 par jour, suivant l'ancienneté, pour les soldats ; de 3 fr. à 3 fr. 50 pour les sous-officiers ; mais, en raison de la valeur relative de l'argent, elle est à peine suffisante. Celle des officiers n'est qu'un intérêt avantageux du capital qu'ils ont versé pour obtenir leur grade.

En résumé, le système de recrutement de l'armée anglaise jette souvent dans les rangs de fort médiocres soldats, et le mode d'organisation et celui de l'avancement ne fournissent que des cadres très-imparfaits.

Les officiers sont braves à la guerre, mais trop habitués au confortable, et, en temps de paix, s'ils sont de parfaits gentlemen en dehors des rangs, avouons-le, ils sont très-ignorants de leur métier, peu militaires, suivant une de nos expressions consacrées.

Avec une armée anglaise organisée comme l'est la nôtre, la révolte des Indes aurait certainement été comprimée dès ses débuts, si elle n'avait été étouffée dans ses germes.

Les *milices* sont des espèces de gardes nationales, susceptibles d'être mobilisées.

Tous les sujets anglais, sans exception, sont soumis à l'obligation d'y servir ; le sort désigne ceux qui doivent en faire partie.

La durée du service est de huit ans, mais la milice ne se réunit qu'à des époques déterminées, pendant vingt et un jours chaque année, temps pendant lequel elle est soldée comme la ligne ; elle est cantonnée dans la ville où se trouve le quartier général des régiments (*head quarter*).

Chaque comté fournit, suivant sa population, un ou deux régiments de milice. Les milices peuvent être appelées à l'activité en cas de nécessité ; elles font alors le service de la ligne et peuvent tenir garnison.

Lorsque les miliciens cessent le service annuel, ils déposent leurs armes et leurs vêtements dans des magasins, et le capitaine est pécuniairement responsable de l'habillement et de l'équipement de sa compagnie. Les miliciens redeviennent de simples particuliers et exercent leurs professions jusqu'à ce qu'ils soient rappelés. Les sergents et l'adjudant (emploi rempli par un capitaine) sont soldés toute l'année.

L'organisation militaire et le service intérieur sont semblables à ceux de la ligne.

L'uniforme est aussi à peu près le même, avec cette différence que l'or est remplacé par l'argent, *et vice versâ*, pour les officiers.

Les milices comprennent aussi des troupes à cheval, environ 14,000 *yeomen*, ou cavaliers miliciens. Ces *yeomen* sont des fermiers mariés, qui se montent à leurs frais et dont les officiers sont de jeunes négociants, des avocats, etc. Ils se réunissent chaque année pour manœuvrer quatre semaines, pendant cinq ans. Ils font le service de gendarmerie dans les campagnes, lorsque cela est nécessaire. Leurs armes sont, en général, le mousqueton, le pistolet et le sabre ; leurs costumes varient suivant les comtés : les uns sont en hussards, les autres en dragons, quelques-uns en chasseurs, suivant la fantaisie du colonel.

Les officiers de la milice et ceux de la *yeomanry*, dans l'ordre des honneurs et préséances, marchent après ceux de la ligne et avant ceux des volontaires. Ils sont nommés par le lord-lieutenant des comtés respectifs et sont ensuite confirmés par la reine.

Pour être officier de la milice, il faut résider dans le comté et avoir un certain revenu, lequel est en raison du grade.—Pour être officier supérieur, on doit avoir des propriétés territoriales dans le comté. Mais il n'existe aucune condition d'ancienneté pour être nommé, et on arrive de but en blanc à un grade sans avoir passé par les autres.

Un très-grand nombre d'officiers de milice ont été officiers dans la ligne, et certains emplois leur sont donnés de préférence, ceux surtout qui composent le cadre permanent de chaque régiment.

§ 2. Infanterie. — Composition de cette arme.

Les cent régiments d'infanterie ne sont pas tous composés de la même manière. Les 25 premiers ont pour officiers: 1 colonel, 2 ou 3 lieutenants-colonels, 4 majors, 24 capitaines, 24 lieutenants, etc.

Les autres ont seulement: 1 colonel, 1 lieutenant-colonel, 2 majors et 12 capitaines.

Le 60° régiment d'infanterie (*the king's royal rifle corps*, le corps royal des carabiniers du roi) a une organisation spéciale. Il est sous les ordres d'un colonel en chef et de deux colonels commandants. Les autres officiers supérieurs sont : 6 lieutenants-colo-

nels et 8 majors. Le cadre des officiers comprend :
48 capitaines, 48 lieutenants et autant d'enseignes.

Tous ces régiments ont en outre des officiers
payeurs et autres comptables, des capitaines instructeurs, des adjudants, etc.

Excepté le 60ᵉ régiment, qui a huit bataillons, et
les 25 premiers, qui en ont quatre, les régiments
d'infanterie sont sur le pied de deux bataillons, le
bataillon comprenant six compagnies à peu près de
la force des nôtres. Le cadre de chaque compagnie
se compose de : un capitaine, un lieutenant, un enseigne (1), deux ou trois sergents et quatre ou cinq
caporaux. Les régiments, comme en Autriche ou en
Espagne et ailleurs, se distinguent par un nom particulier : le régiment royal, le régiment de la reine,
les fusiliers du Northumberland, le royal-fusilier,
le royal-irlandais, le régiment du prince Albert, etc.
De plus, les batailles auxquelles ils ont assisté servent encore à les reconnaître.

§ 3. Réglement de manœuvres. — Instruction et exercice des recrues.

Le règlement en usage dans l'infanterie anglaise
(*field exercise and evolutions of infantry*), approuvé
par la reine en 1859, se divise en six parties :

1° L'exercice (*drill*) des recrues ou de l'escouade ;
2° L'exercice de compagnie ;

---

(1) Dans la cavalerie, le grade d'enseigne est remplacé par celui de
cornet et de sous-lieutenant.

3° La formation et les évolutions d'un bataillon ;

4° Les mouvements de l'infanterie légère ;

5° La formation et les mouvements de la brigade ou de ligne ;

6° Des règles sur divers sujets.

La méthode usitée en France, en Prusse, etc., pour dresser les hommes de recrues est aussi celle qui s'emploie en Angleterre. On commence leur éducation isolément et sans armes ; on leur enseigne la position, qui est exactement celle de tous les soldats d'Europe, le salut, la manière de faire face de tous côtés. On en réunit ensuite plusieurs sur un rang à *files ouvertes* ou distance entière, c'est-à-dire à une distance égale à la longueur du bras, puis à *demi-distance*, autrement dit à une distance telle que l'homme ayant le bras droit ployé, la main sur la hanche, touche avec son coude le bras gauche de son voisin de droite.

On leur montre quelques exercices gymnastiques sur place ; puis, lorsque les recrues savent ces différentes choses, on les instruit, les files étant *serrées* ou réunies en escouades. Ils apprennent alors, toujours sans armes, la marche en avant, en retraite, en diagonale, en arrière, etc.; à marcher sur un rang, à converser de pied ferme, à changer de direction avec le pivot mouvant, etc.

Ensuite l'escouade est exercée à la position du soldat avec l'arme, au maniement d'armes, aux feux, etc., puis à tous les mouvements de marche en portant les armes; enfin, à la formation sur quatre et deux rangs.

La cadence et la précision du pas sont regardées comme des choses d'une grande importance. La première s'enseigne au moyen du tambour, auquel on fait battre la marche lorsque la recrue est arrêtée, afin qu'elle saisisse bien la mesure. On ne se sert pas, à cet effet, d'une baguette ordinaire, mais d'un fil à plomb (*plummet*), fabriqué avec une ficelle et une balle de fusil, qu'on fait osciller comme un pendule ; la hauteur de ce pendule est en rapport avec la cadence adoptée.

On mesure la longueur du pas au moyen d'un instrument appelé *pace stick* : c'est un gros compas en bois de trois pieds anglais (1), qui s'ouvre ou se serre selon les différentes longueurs de pas réglementaires. La cadence et la longueur prescrites pour les diverses espèces de pas sont les suivantes :

1° Pour la cadence ralentie, 75 pas à la minute, ce qui donne un chemin de 52 yards 18 pouces parcourus dans ce temps (2) ;

2° Pour la cadence rapide, 108 à la minute (90 yards de chemin) ;

3° Pour la cadence redoublée, 150 à la minute (ou 150 yards).

La longueur du pas rapide est de 30 pouces anglais ; celle du pas à cadence redoublée est de 33 pouces (3).

Tout le reste de cette partie de l'instruction n'est que la reproduction des autres théories.

La formation et la marche sur quatre rangs sont semblables à tout ce que nous avons vu jusqu'ici ;

---

(1) Le pied anglais égale 0ᵐ304.
(2) Le yard vaut 0ᵐ914.
(3) Le pouce est égal à 0ᵐ025.

—on est convenu d'appeler files de droite les numéros impairs, et files de gauche les numéros pairs;—celles-ci doublent sur les premières, de front et de flanc, comme dans l'infanterie piémontaise. Le maniement d'armes, la charge et les feux sont expliqués dans la sixième partie du règlement ; l'école des recrues y renvoie.

J'ai dit plus haut ce qu'était la charge, en parlant de celle des Belges et des Espagnols. Quant aux feux, ils sont, comme les nôtres, simultanés ou individuels (feux de files); de plus, dans les feux sur quatre rangs contre la cavalerie, les Anglais se mettent en défense comme les Espagnols.

Le reste de cette sixième partie, sous le titre : *Miscellaneous subjects*, indique les dispositions à prendre pour les revues, les parades, les marches, les routes, les honneurs à rendre, les gardes, les exercices des jeunes officiers, l'exercice de la carabine, etc. Je ne reviendrai pas sur ce sujet.

§ 4. Exercice de compagnie.

La compagnie comprend dix-huit à vingt files.

Elle est formée de la manière suivante : L'homme le plus grand se place à la droite, et celui qui est de plus haute taille après celui-ci se met à gauche, laissant assez de place entre eux pour encadrer toute la compagnie placée sur un seul rang. Le troisième homme le plus grand se met ensuite à la gauche de l'homme de droite; le quatrième à la droite de celui de gauche, et ainsi de suite.—Lorsque tous les soldats sont placés, on les forme sur deux rangs en commandant aux files de gauche de la demi-compagnie de droite, de faire un pas en arrière et un pas à droite, à celles de gauche de la demi-compagnie de gauche, de faire un pas en avant et un autre sur la droite, et en faisant ensuite serrer les files, couvrir et aligner par la droite.

La compagnie étant ainsi formée sur deux rangs et par rang de taille des flancs au centre, les hommes reconnaissent leurs voisins de chaque côté; dans toutes les réunions de la compagnie, ils doivent reprendre les mêmes places.

On fait numéroter les files de la droite à la gauche : celles qui ont des numéros impairs prennent le nom de *files de droite*; celles qui ont des numéros pairs, le nom de *files de gauche*.

La compagnie se partage en *deux subdivisions* et en *quatre sections*.

En bataille, les officiers subalternes et les sergents forment un troisième rang, le rang des serre-files, dit *supernumerary rank*, qui se tient à trois pas en arrière du second.

Un des sergents appelé *covering* ou *replacing sergeant* est, en ordre de bataille, à la droite du second rang, derrière le capitaine qui est au premier rang.

Le lieutenant se place en arrière de la seconde file de gauche, l'enseigne en arrière du centre de la compagnie.

Ces officiers se mettent en avant dans l'ordre de bataille à rangs ouverts; mais jamais les sergents, lors même qu'ils remplissent ces fonctions, ne peuvent être en avant des rangs.

Les tambours et sapeurs, quand la compagnie est isolée, sont sur le rang des serre-files.

Chaque homme occupe un espace d'environ vingt et un pouces dans le rang.

Le règlement indique la manière d'estimer en pas un nombre quelconque de files.

Il prescrit ensuite la série d'exercices a exécuter comme simple soldat par les officiers (exercices d'escouade et de compagnie), par ceux qui arrivent au corps et par les anciens, ainsi que par ceux qui ne sont pas commissionnés.

Lorsqu'une compagnie est en colonne, le capitaine se tient à l'aile gauche si la droite est en tête, et à l'aile droite si c'est la gauche. Le côté où est le capitaine se nomme *flank-pivot*.

Excepté dans les mouvements qui exigent la présence du capitaine en avant du front de la compagnie, comme dans les conversions, il doit, pour se porter d'une aile à l'autre, passer toujours par derrière. Le sergent de remplacement ne passe jamais devant le premier rang.

Dans les conversions à pivot *fixe* ou *mouvant*, c'est du côté du pivot que les hommes sentent le tact des coudes, et, la conversion achevée, l'alignement se prend aussi de ce côté.

Lorsque la compagnie est arrêtée, les conversions s'exécutent ainsi :

La compagnie devant converser pour passer de l'ordre en colonne à l'ordre en ligne, en supposant qu'elle soit la droite en tête, l'instructeur commande :

1° *A gauche conversion, en ligne ;*

12.

2° *Pas accéléré, marche* (1).

La compagnie converse à gauche; le sergent de remplacement a soin, dès le premier commandement, de se porter au point où doit appuyer la droite de la compagnie. Le capitaine se place en avant et dirige le mouvement. — Il arrête lorsque la droite arrive à deux pas du sergent, en commandant :

Compagnie halte,—alignement,—les yeux en avant,
  (fixe) (2).

Et il se reporte à la droite.

Si la compagnie converse pour se former en colonne la droite en tête, le pivot est à gauche, et la compagnie rompt en arrière de la ligne de bataille, en faisant demi-tour.

L'instructeur commande :

Colonne ouverte, la droite en tête;
Demi-tour à droite;
A droite conversion;
Pas accéléré, marche (3).

Le sergent de remplacement se porte en arrière, pour marquer le point où doit s'arrêter la conversion. Les hommes font demi-tour, conversent à droite; la conversion achevée, le capitaine commande :

---

(1) Left wheel into line;—Quick march.
(2) Company, halt;—Dress;—Eyes front.
(3) Open column, right in front;—Right aboutface;—Right wheel;—Quick march.

Compagnie, halte ;
—Front ;
—Alignement (1).

Les hommes font face en tête et s'alignent à gauche.

Une compagnie peut aussi converser pendant un nombre de pas déterminé par le commandement, vers un flanc ou un autre, et décrire ainsi 1/10, 1/8 ou 1/4 de cercle.

Elle converse aussi sur le centre. Dans ce cas une des subdivisions converse en avant, l'autre en reculant ; si celle qui converse en arrière est de plus de douze files, elle fait demi-tour, pour éviter le pas en arrière.

Pour rompre par *subdivisions* ou par *sections*, l'instructeur commande :

Par subdivisions (ou *sections*), *à droite conversion* (ou *par subdivision sur la gauche en arrière conversion*) ;
Pas accéléré, marche (2).

Et les subdivisions rompent par une conversion en avant ou en arrière de la ligne de bataille et se trouvent en colonne la droite en tête. C'est l'inverse si la gauche doit être en tête.

Le capitaine commande après la conversion :

Halte,— alignement.

____

(1) Company, halt ; — Front ; — Dress.
(2) By subdivisions (*or* sections), right wheel ; *or* by subdivisions on the left backward, wheel ; — Quick march.

La compagnie se remet en ligne, les subdivisions conversant en avant.

Une compagnie d'infanterie peut gagner du terrain à droite, *en échelon par* subdivision, en conversant à droite. Les subdivisions (ou sections) décrivent un huitième de cercle; après quoi l'instructeur commande : *En avant !*

La même chose est praticable lorsque la compagnie est en colonne.

Elle se reforme en ligne ou en colonne par une petite conversion en arrière ou en avant.

La marche diagonale se fait par un trois-quarts d'à-droite (ou d'à-gauche). Elle s'emploie pour reformer la compagnie en ligne lorsqu'elle est rompue, en marche ou arrêtée (notre 1er art. de la 6e leçon de l'école de peloton, mais exécuté de pied ferme).

La contre-marche s'exécute par rang; le premier rang fait toujours à droite, le deuxième à gauche. — Elle se fait aussi par files, comme chez nous.

Enfin l'infanterie anglaise emploie aussi la marche par quatre, dont nous nous servons aujourd'hui dans l'infanterie.

Une compagnie isolée se forme en carré, pour résister à la cavalerie; cette formation s'enseigne dans cette école. Pour ce mouvement, la compagnie ploie ses quatre sections en colonne serrée, à un pas, sur la deuxième section, comme nous ployons en colonne les compagnies d'un bataillon. Et au commandement : *préparez-vous pour la cavalerie*, tous les hommes font face en dehors; ceux des deux sections de la queue par un demi-tour, les files des côtés par un mouvement de flanc.

Au commandement de *ready* (promptement), les deux premiers rangs mettent un genou en terre et croisent la baïonnette.

C'est, comme on l'a vu, la même manœuvre que fait la compagnie italienne sous le nom de *masse en défense.*

Pour rallier la compagnie en carré lorsqu'elle est dispersée, l'instructeur commande : *ralliement au carré*, et en même temps il place au point qu'il choisit pour le ralliement un officier qui élève son épée et fait face du côté supposé de l'ennemi. Les hommes accourent en mettant la baïonnette au canon et se groupent ainsi autour de l'officier : les deux premiers qui arrivent sur la droite et sur la gauche, les trois autres ensuite en avant, les trois autres après en arrière, formant ainsi les quatre faces d'un carré ; les quatre suivants se mettent à chaque angle ; enfin les autres complètent les faces et les angles. Cette méthode nous paraît plus simple que celle qui est indiquée dans notre école de tirailleurs.

Dans une ordonnance qui a précédé et qui est datée de 1833, 16 août, on voit déjà les mêmes principes, les mêmes particularités qui distinguent cette école de compagnie de notre école de peloton. On y voit déjà la formation sur deux rangs (qui date d'ailleurs de l'Empire), la marche sur quatre rangs, adoptée par nous en 1845, et pour l'infanterie en 1861 ; les conversions sur le centre, les ruptures en arrière ; la formation du carré de compagnie, etc.

Remarquons que la formation sur quatre rangs se fait en marchant de front, aussi bien qu'en faisant par le flanc, comme dans l'infanterie belge.

Cette ordonnance diffère aussi très-peu de celle

de 1859, dans les autres parties, école de bataillon et de brigade, que nous allons examiner. — Ce sont les mêmes mouvements ; mais toutes les marches de flanc, dans les déploiements, les contre-marches, etc., dans lesquels on se sert du doublement des files, se faisaient au moyen de la *marche par trois*, à droite (ou à gauche), par trois, mouvement enseigné à l'exercice individuel du règlement de 1833 et qui ressemble à notre mouvement de cavalerie : *par quatre files à droite*, dans lequel le peloton rompt à droite par subdivisions de quatre files.

Cette formation a été supprimée dans le règlement de 1859.

§ 5. Formations et évolutions d'un bataillon.—Infanterie légère.

Le bataillon anglais peut être fort de 1,200 hommes. Il comprend ordinairement six compagnies sur deux rangs.

Le règlement le suppose de six à dix compagnies ; elles sont numérotées de la droite à la gauche ; mais elles peuvent être interverties, toutes les compagnies devant être exercées à manœuvrer à une place quelconque du bataillon. Elles doivent être égales ; mais cependant on manœuvre quelquefois avec un nombre inégal de files, afin de ne pas restreindre les mouvements du bataillon à cette condition d'égalité de files.

Il y a deux drapeaux dans un bataillon : celui de la reine et celui du régiment. En bataille, ils se placent entre la gauche de la troisième compagnie et la droite de la quatrième, séparés entre eux par un sous-officier, et ayant derrière eux, au second rang, des officiers non commissionnés. En colonne ils se mettent en serre-files, derrière l'aile gauche de la troisième compagnie.

Les capitaines sont au premier rang, en tête de leurs compagnies dans l'ordre de bataille; en colonne ils sont sur le flanc, du côté de la direction.

En parade, dans l'ordre de bataille, la musique se place en arrière du rang des serre-files, vis-à-vis des drapeaux, à neuf pas de ce rang. Les sapeurs, sur deux rangs à neuf pas de la première compagnie, les tambours, fifres et bugles, séparés en deux divisions, sont l'une à neuf pas derrière la deuxième compagnie, l'autre de même derrière la cinquième. Pour une revue, les sapeurs et la première division des tambours sont à la droite, alignés sur le bataillon; la seconde division des tambours à la gauche.

Dans une colonne en ordre de parade, tous les tambours, sapeurs, etc., sont en tête.

Dans les manœuvres, les sapeurs, bugles, etc., se placent derrière leurs compagnies respectives, sur le rang des *supernumerary*, excepté la musique, qui reste toujours derrière. — En colonne, s'il y a d'autres bataillons, ils se mettent sur le flanc opposé à la direction.

Le bataillon se divise en deux ailes : l'*aile droite* et l'*aile gauche*.

Les compagnies impaires se nomment *compagnies de droite*, les compagnies paires *compagnies de gauche*.

Les manœuvres de la théorie anglaise ne sont pas classées dans un ordre méthodique comme les nôtres; nous allons indiquer ce qu'elles ont de particulier en suivant cependant l'ordre de ce règlement, pour le faire mieux juger.

La marche en bataille, en avant et en retraite, est dirigée, comme chez nous, sur des points choisis au loin et par le drapeau, le commandant et l'adjudant. — Elle est suivie de la charge.

L'alignement général du bataillon est tracé par les capitaines, et se prend à droite ou à gauche.

Les feux s'exécutent par ailes en avant et en retraite. Au commandement du chef, chaque aile marche trente pas en avant successivement, ou quinze pas en retraite et fait feu.

Lorsqu'un bataillon marchant en ligne rencontre des obstacles, les compagnies devant lesquelles ils se trouvent, font par le flanc, par deux ou par quatre ; elles se reforment en ligne au delà.

Un bataillon en ligne en relève un autre en avançant ; celui qu'on relève se retire en rompant par le flanc et par quatre dans chaque compagnie, à douze pas de celui qui s'avance, lequel a rompu également par le flanc et par quatre. Les compagnies passent dans les vides laissés entre elles.

Les colonnes sont *simples* ou *doubles*, de compagnies, subdivisions ou sections. Elles sont *ouvertes* (à distance entière), ou à quart de distance ou serrées. — La distance qui sépare les éléments des colonnes serrées est de *deux pas*, mesurée des épaules du dernier rang d'une subdivision à celle du premier qui suit.

Un bataillon serre et prend les distances sur la tête ou la queue de la colonne comme les nôtres, diminue son front, change de direction, s'arrête, etc.

En colonne double, il peut également diminuer son front en mettant des files en arrière, etc.

Les changements de direction d'une colonne de pied ferme s'exécutent aussi bien lorsqu'elle est à distance entière que serrée ; le mouvement se fait par le flanc et par quatre. L'angle n'est pas forcément de 90°, mais peut être quelconque.

Lorsqu'une colonne de compagnie à quart de distance est en marche, ce mouvement se fait par une conversion.

Un bataillon anglais en colonne par subdivisions à quart de distance peut changer de côté sa tête de colonne par une sorte de contre-marche que nous ne faisons pas. C'est la contre-marche par la conversion des subdivisions autour de l'axe de la colonne.

Pour l'exécution de cette manœuvre, le commandant du bataillon fait le commandement suivant :

Contre-marche, par subdivisions autour du centre ;
Subdivisions de gauche, demi-tour à droite ;
Pas accéléré, marche.

Ce mouvement a pour but de disposer la colonne dans une direction inverse de celle qu'elle avait, mais sur le même emplacement. Les subdivisions de gauche font demi-tour ; les deux colonnes que présente alors ce bataillon se mettent en marche, la tête de chacune conversant immédiatement pour suivre la queue de l'autre. Lorsque les sections de gauche ont pris la place de celles de droite et réciproquement, elles sont arrêtées et elles font demi-tour. La colonne se trouve avoir la tête du côté opposé.

Lorsqu'un bataillon se trouve sur une route trop étroite pour permettre les mouvements de flanc et que le chef de bataillon veut avoir la gauche en tête, en conservant à la colonne la même direction, il emploie un autre mouvement ; il commande :

Par quatre à gauche, l'aile gauche en tête.

La première compagnie ne bouge pas, toutes les autres font par le flanc gauche ou par quatre, et se mettent en marche en suivant la direction des pivots de gauche ; dès que la deuxième compagnie a dépassé, elle se forme en ligne pour prendre sa place dans la colonne, les autres en font autant. Afin de laisser passer les autres compagnies, celles qui restent en place font converser leur quatrième section à droite.

Une colonne gagne du terrain vers la droite ou vers la gauche, en se formant à droite ou à gauche, en échelons de subdivisions.

Les colonnes se forment comme les nôtres ; de plus, elles se forment aussi en arrière de la ligne de bataille par la conversion en arrière des éléments du bataillon. — Elles *se ploient* comme les nôtres.

La colonne double, comme celle des Italiens, se forme en avant sur les deux *subdivisions* ou *sections* du centre.

Ces deux fractions se portent en avant ; les autres, après avoir fait un quart de conversion vers le centre, se mettent en marche et les suivent en reprenant la perpendiculaire, lorsqu'elles arrivent à hauteur du centre. Cette formation n'empêche pas la colonne double ordinaire d'exister aussi.

Enfin les Anglais emploient encore une autre colonne double : la colonne double face en arrière, les compagnies des ailes en tête. — On s'en sert pour passer un défilé en arrière du centre. Sa formation est facile à comprendre : Les subdivisions des ailes rompent en arrière de la ligne de bataille, se dirigent vers le centre, et se rejoignent alors deux à deux en conversant, pour marcher en arrière dans une direction perpendiculaire à la ligne de bataille ; les commandements sont très-longs, très-compliqués.

Les formations en bataille, sur la droite en bataille, etc.; les déploiements, les mouvements de la colonne double sont les mêmes que ceux qui sont dans notre école de bataillon.

Dans les déploiements, les Anglais se servent de la *marche par quatre*, comme nous l'avons dit, au lieu des colonnes *par trois* anciennement usitées.

Nous avons parlé des carrés dans un autre volume, nous y renvoyons.

Les changements de front occupent une large place dans le règlement anglais (1). Ils s'obtiennent par plusieurs moyens, et principalement par l'emploi des échelons de compagnie.

Une des premières méthodes consiste à rompre le bataillon en colonne de compagnie, la gauche en tête si le changement de front doit avoir lieu à droite, et à mettre la colonne en marche dans une direction formant avec l'ancienne ligne de bataille l'angle que l'on désire. Lorsque tout le bataillon est dans la nouvelle direction, son chef l'arrête, l'adjudant et les aides tracent les points extrêmes de la ligne ; le bataillon se forme ensuite à droite en bataille. L'inverse

---

(1) De la section 52 à la section 61, 3ᵉ partie, environ 25 pages.

a lieu si le changement doit se faire à gauche. — On peut conserver le même point d'appui, en portant simplement les compagnies par le flanc, de manière à placer l'axe de la colonne dans l'obliquité.

Secondement, on forme les échelons de compagnie par un demi-quart de conversion. Dans cette position on porte le bataillon en avant, par conséquent dans une direction oblique, et on le reforme en ligne, soit dans une position parallèle à l'ancienne, par une conversion des compagnies en sens opposé, soit dans une position oblique, en alignant successivement toutes les compagnies sur celle qui est à l'aile du côté du pivot.

Si l'angle doit être un peu plus grand que celui décrit par la conversion de la compagnie-pivot, celle-ci est d'abord placée dans la direction ; les aides (guides généraux) marquent la ligne ; les autres compagnies marchent droit devant elles, jusqu'à hauteur de la nouvelle ligne de bataille où elles conversent et s'alignent du côté du pivot. On peut enfin former les échelons de compagnie en avant, parallèlement à la ligne de bataille, sur un flanc quelconque. — Les compagnies prennent entre elles, dans cette position, distance de compagnie (1).

Lorsque le bataillon entier est rompu par un quart de conversion (1/8 de cercle) de chaque compagnie, on le remet en bataille dans une direction oblique ; par la conversion complète, les échelons font face vers un flanc. En les alignant successivement sur la compagnie qui est en avant, on place le bataillon sur

---

(1) Part. II, sect. 59 et 60.

un front à angle droit avec le premier. Ce sont là les mouvements qu'ont imaginés les Anglais pour changer de front, mouvements que nous n'avons pas, et qui .me paraissent un peu trop compliqués.

Tels sont les principes des évolutions de bataillon.

L'objet de l'infanterie légère est d'éclairer l'infanterie de ligne en campagne, de protéger les cantonnements, etc., etc.

Quoique quelques régiments soient spécialement classés comme infanterie légère, tous les corps doivent être habitués aux mouvements de cette sorte d'infanterie.

Toutes les fois qu'un régiment est employé comme infanterie légère, il se divise en trois parties : les tirailleurs (*skirmishers*), les soutiens et la réserve.

Les soutiens doivent être de la force de la ligne des tirailleurs : ainsi une compagnie déployée en tirailleurs doit être appuyée par une autre compagnie ; la réserve est égale à un tiers de toute la troupe. Il est de règle générale que la ligne des tirailleurs soit, en plaine, à deux cents yards des soutiens, la réserve à trois cents yards de ceux-ci et à cinq cents yards du corps principal.

Les déploiements se font sur la droite ou sur la gauche. — Les compagnies sont en colonnes serrées par section, les bataillons en colonnes serrées de compagnies, dans les mouvements qui précèdent les déploiements ; pour exécuter ceux-ci, on forme préalablement les échelons à des distances convenables, et de façon à placer les soutiens en arrière du centre des parties de la ligne correspondante.

Le règlement anglais indique ensuite la manière

d'étendre la ligne, de la renforcer, de rallier les *escarmoucheurs* sur les soutiens, sur les réserves, etc. ; détails qui correspondent tous à nos principes. Il termine par des règles assez développées sur le passage d'un pont, d'un défilé, en avant et en retraite, par des tirailleurs, sur l'attaque d'un bois, sur les précautions à observer pour former et conduire une avant-garde, une patrouille, un piquet, une arrière-garde, etc., etc.

En définitive, après le règlement prussien et celui de l'infanterie autrichienne, c'est celui qui nous a paru le plus complet sous le rapport de l'instruction des tirailleurs.

§ 6. Formations et mouvements de brigade ou de ligne.

« Un bataillon peut être considéré comme occupant dans une brigade ou une ligne la même situation qu'une compagnie dans un bataillon, et les mouvements de ce bataillon dans les manœuvres d'une brigade sont en grande partie basés sur ceux d'une compagnie dans les évolutions de bataillon. »

« Un corps de troupes considérable est formé sur une ou deux lignes ; chaque ligne est divisée en aile droite et aile gauche, ou en corps d'armée. Chaque aile ou corps d'armée comprend des divisions ; les divisions comprennent des brigades. — Chaque brigade se compose de deux, trois ou plusieurs bataillons (1). »

Ainsi, comme en France, le principe divisionnaire est la base de la formation des armées.

---

(1) Part. V, General principles, 1, 2.

Cette partie V , ou École de brigade, offre de grandes ressemblances avec nos évolutions de ligne. —Les mouvements principaux sont les mêmes, mais les commandements diffèrent. Les distances observées sont à peu près semblables ; la première ligne est déployée, la seconde en colonne double. — En arrière, se place une réserve en colonne.

Si les lignes sont formées de colonnes de bataillons au quart de distance ou en masse les bataillons sont à six pas d'intervalle ou à intervalle de déploiement, plus six pas. — Dans une colonne, les bataillons sont à six pas si elle est serrée, à six pas plus l'étendue d'une subdivision si la colonne est ouverte.

Les bataillons en ligne sont séparés par un intervalle de six pas, qui n'est pas augmenté entre les divisions ou les brigades.

Celles-ci peuvent être inversées, ainsi que les bataillons, sans troubler la manœuvre.

Tous les mouvements, déploiements, changements de front, etc., sont précédés du tracé de la ligne. Les adjudants et les aides de bataillon déterminent exactement le point d'appui et la place de leur bataillon dans la direction indiquée par des officiers à cheval. Les bataillons s'y portent carrément , ceux des ailes et de la seconde ligne étant en colonne double, par le chemin le plus court.

Toutes ces manœuvres peuvent ensuite être appuyées par de l'infanterie légère.

Encore une fois ce sont toujours les mêmes principes. — A part la forme et le détail, toutes les théories sont copiées pour ainsi dire les unes sur les autres !

VIII

Manœuvres de l'infanterie russe.

------

§ 1. Force de l'armée russe.

L'armée russe était, avant la guerre de Crimée, la plus redoutable de l'Europe, tant par le nombre de ses soldats, qui s'élevait à plus de 1,800,000 hommes, que par sa puissante organisation et le matériel immense dont elle disposait. Depuis la paix, comme cela arrive toujours après une guerre, elle a subi une transformation qui tend à lui donner quelque ressemblance avec celle qui lutta si avantageusement contre elle; en même temps son effectif a considérablement diminué.

En 1860, on comptait seulement dans l'armée russe 35,055 officiers et 1,329,529 soldats; ces chiffres sont encore inférieurs aujourd'hui.

Actuellement l'armée russe comprend :

1° Des troupes régulières;

2° Des troupes irrégulières (Cosaques irréguliers, colonies militaires, et populations faisant le service de cavalerie légère).

Les troupes régulières se divisent en : *Armée active, troupes de réserve, troupes de garnison.*

L'armée active comprend :

> Le corps de la garde ;
> Six corps d'armée ;
> Un corps de grenadiers ;
> Un corps de cavalerie combinée ;
> Un corps de cavalerie de réserve ;
> L'armée du Caucase ;
> Le corps d'Orembourg ;
> Le corps de la Sibérie ;
> Le corps de la Finlande ;
> Les chasseurs.

Chaque corps d'infanterie se compose de trois divisions d'infanterie, une division de cavalerie, une division d'artillerie, un bataillon de sapeurs.

Il en est de même du corps de grenadiers ; la garde a une division de cavalerie en plus.

La cavalerie de réserve est forte de deux divisions et de une division d'artillerie (six batteries à cheval).

Les troupes du Caucase sont : une division de grenadiers, trois divisions d'infanterie, quatre bataillons de chasseurs, trente-sept bataillons de ligne. Les autres corps comprennent une division et des chasseurs.

Quant aux chasseurs, on en compte dix-huit bataillons, plus ceux de la garde et des grenadiers.

Les troupes régulières comprennent en outre des corps d'invalides, de gendarmes et de troupes d'administration.

Les troupes irrégulières possèdent environ 136 régiments, formant 813 scotnies ou escadrons, 31 bataillons et 250 pièces attelées.

§ 2. Composition de l'infanterie.

L'infanterie des six corps d'armée forment 18 divisions numérotées de 1 à 18, et 72 régiments numérotés de 1 à 72.

Les régiments d'infanterie ont trois bataillons de ligne et un quatrième bataillon de réserve.

Les régiments des corps de la garde et des grenadiers n'ont que deux bataillons ; ceux de l'armée du Caucase en ont cinq et un sixième de réserve.

Ces bataillons de réserve sont tout à fait séparés des régiments, et comptent dans des divisions de réserve organisées comme des divisions actives et sous les ordres d'un chef spécial.

Chaque bataillon se partage en cinq compagnies ; la cinquième est une compagnie de tirailleurs qui ne manœuvre pas avec le bataillon, quoiqu'en en faisant partie sous le rapport administratif.

On réunit ordinairement pour les parades et les exercices toutes les compagnies de tirailleurs d'un régiment pour en former un bataillon séparé. Les autres compagnies sont numérotées dans les régiments de 1 à 12, dans ceux de la garde de 1 à 8 ; celles des tirailleurs comptent à part.

Il ne faut pas confondre les réserves qui sont sur le pied d'activité avec les régiments de garnison ou de dépôt des corps d'armée qui sont destinés à compléter les régiments de ligne. Les bataillons de chasseurs ont aussi leurs bataillons de dépôt correspondants.

§ 3. Quelques mots sur les manœuvres.

Avant la guerre de Crimée, les manœuvres des Russes étaient très-compliquées ; leurs règlements très-détaillés.

Les cruelles leçons d'Alma, d'Inkermann et de Traktir firent penser aux Russes que toute cette science tactique qu'ils avaient acquise avec tant de peine était presque inutile, puisqu'elle ne les avait pas préservés de la défaite et n'avait pas sauvé Sébastopol ; ils refirent donc tous leurs règlements militaires.

Celui qui a pour objet les manœuvres est réduit aujourd'hui au plus petit volume, à quelques pages seulement, dans lesquelles on n'a absolument réglé que les choses indispensables.

Les Russes ont conservé comme principal moyen d'évolution la colonne double, qui était jusque-là leur formation habituelle sur le champ de bataille ; et ils ont développé l'instruction individuelle, celle des tirailleurs.

Nous ne sommes pas en mesure de donner d'autres détails sur leurs règlements. Nous nous bornerons seulement à dire quelques mots sur ceux qu'ils avaient avant la guerre de Crimée.

La formation de l'infanterie russe avant 1855 était la suivante :

Le bataillon, placé sur deux rangs, comprenait quatre compagnies de deux pelotons chacune ; la première compagnie, celle des soldats d'élite, était composée d'un peloton de grenadiers qui avait sa place à la droite du bataillon, et d'un peloton de chasseurs qui se mettait à la gauche.

Le drapeau était placé au centre de la troisième compagnie ; il résultait de cette organisation que la première compagnie avait toujours ses éléments séparés, et que les divisions de deux pelotons étaient formées des moitiés de deux compagnies différentes.

Le service des tirailleurs était fourni par douze tirailleurs placés au troisième rang et par le huitième peloton, c'est-à-dire les chasseurs ; système mal défini, mal compris, qui n'était point à la hauteur des progrès de la tactique moderne. Ces quelques tirailleurs étaient impuissants par leur petit nombre, et l'*infanterie profonde*, c'est-à-dire l'infanterie de ligne, avec une semblable organisation, ne pouvait se suffire à elle-même. Il fallait toujours, pour l'aider à combattre, lui adjoindre de l'infanterie légère, des chasseurs ; c'était-là un défaut que les Russes avaient cherché à corriger, en prenant à la Prusse les colonnes de compagnie qui rendaient leurs troupes de rang plus mobiles, moins lourdes et plus maniables.

Cette innovation ne leur a réussi qu'imparfaitement ; aussi, depuis, ont-ils donné tous leurs soins à alléger leurs masses, à chercher des ressources dans la force individuelle du soldat.

Leur règlement comprenait une École de division, très-utile, en ce qu'elle contenait des préceptes généraux pour les formations ordinaires, lesquels, sans arrêter les élans du génie et l'inspiration du chef, pouvaient lui éviter de perdre du temps à fixer son attention sur les détails, à les rectifier, chacun sachant d'avance comment, dans les cas ordinaires, il devait coopérer pour sa part à la pensée du général.

—La division russe est composée de deux brigades; la brigade de deux régiments de quatre bataillons chacun.

Elle renferme en outre quatre batteries, deux de six et deux de douze; total : seize bataillons, vingt-quatre bouches à feu.

La division russe avait trois ordres de combat.

— Dans la première formation, qui est défensive, une brigade est déployée sur deux lignes, les bataillons des ailes de la première en colonne serrée.

La seconde brigade, serrée en masse, est en réserve. L'artillerie se place aux ailes des bataillons déployés de la première ligne et en arrière de la réserve.

— Dans la deuxième formation, les bataillons sont en masse et sur trois lignes.

Dans la troisième, un plus grand nombre de bataillons sont déployés en première ligne ; l'artillerie est en avant en batterie.

Les autres bataillons sont placés comme dans la première formation ; l'artillerie de réserve se tient derrière l'infanterie de réserve.

— Enfin, dans la quatrième formation, toutes les batteries sont en avant, celles de la réserve au centre ; tous les bataillons de la première ligne sont en colonnes, prêts à soutenir l'artillerie. La deuxième ligne est également en colonne, prête à soutenir la première. La réserve se compose en outre d'un régiment (quatre bataillons), qui se tient à 300 pas en arrière ; cette formation doit être employée pour frapper un coup décisif.

REMARQUES.

Que conclure maintenant de cette longue analyse? — Quel est le meilleur règlement? — Quelles sont les meilleures manœuvres d'infanterie? Les nôtres sont-elles préférables à quelques-unes de celles-ci, ou leur sont-elles inférieures? — Existe-t-il dans ces règlements des principes qu'il faudrait substituer à quelques-uns des nôtres? Devrions-nous simplement emprunter aux autres troupes d'infanterie certains mouvements que nous n'avons pas? etc., etc. — Telles sont les questions qui se présentent naturellement à l'esprit après la lecture de ce volume.

Nous nous garderons bien de nous prononcer d'une manière absolue. Il ne nous appartient pas de proclamer *ex professo* l'excellence de tel ou tel système. Nous n'avons pas non plus voulu, en mettant nos règlements de manœuvres en parallèle avec ceux des étrangers, en faire la critique. Notre but a été simplement de les expliquer, de les commenter par l'examen de ces règlements, et réciproquement, et de montrer surtout l'état actuel de la tactique en Europe. Nous laisserons donc au lecteur le soin de former son opinion et de rechercher quel enseignement on peut retirer de l'étude des manœuvres étrangères.

Nous nous contenterons d'ajouter quelques observations à celles que nous avons faites dans le courant de ce travail.

On ne peut pas plus affirmer que l'infanterie d'un pays quelconque est parfaite, qu'on ne peut déclarer qu'un des règlements existants est le dernier mot de l'art militaire.

Assurément les Prussiens manœuvrent très-bien ; les Autrichiens ont de bonnes troupes, disciplinées, instruites ; les Suédois ont des manœuvres très-simples ; les Russes sont des automates auxquels il faut des ressorts bien trempés, c'est-à-dire des chefs habiles : leur infanterie est une puissante machine tactique ; les Belges ne sont que des Français déguisés, commandés par des officiers en général très-instruits ; ils manœuvrent, obéissent, et combattront, quand l'occasion le voudra, exactement comme des troupes françaises.

Dans toutes ces troupes on trouve des qualités et des imperfections ; c'est à imiter les unes, autant que le caractère national et nos institutions le permettent, et à éviter les autres que nous devons viser, lorsque nous cherchons à emprunter aux armées des autres puissances.

Si les Prussiens, avec leur roideur mécanique, avec leurs mouvements compassés, ne peuvent être pris complétement pour modèles, convenons du moins qu'ils sont arrivés, dans leurs manœuvres, à un degré de simplicité que nous ne possédons pas : sobriété de commandements, sobriété de mouvements préparatoires, absence de manœuvres de parade (à l'exception du défilé) : tels sont les principaux caractères de leur tactique ! — Leur règlement est court, concis, et cependant assez explicite pour indiquer les principales dispositions à prendre en présence de l'ennemi. — Il n'est pas fait seulement pour le sergent instructeur, mais encore pour le général de brigade ; il indique dans l'école de brigade le rôle des brigades dans les divisions, et celui des bataillons dans les brigades ; il est en rapport, en un mot, avec l'organisation tactique, et fait surtout en vue de la guerre et non pas seulement en vue du terrain d'exercice !

Les autres troupes d'infanterie sont dignes aussi de notre attention.

Nous avons montré les excellents procédés employés par les Anglais et les Italiens pour l'instruction des recrues. — Nous avons fait voir une progression plus logique que la nôtre dans le règlement espagnol, qui, à cela près, semble une traduction de celui du 4 mars 1831.

Dans un grand nombre de règlements, enfin, on a pu remarquer une *école de régiment*, une *école de brigade et de division*, tandis que nous n'en possédons pas.

Le général Renard regarde cela comme une lacune de notre ordonnance. Il voudrait y voir non-seulement ces écoles à la place de nos *évolutions de ligne*, mais encore avec elles des *manœuvres de corps d'armée*, tout en déclarant cependant qu'il faudrait réduire à quelques pages notre théorie, et des 2,627 numéros qu'elle renferme retrancher environ les deux tiers, afin d'arriver à peu près à la concision des Prussiens.

Cette opinion a des partisans. — Si l'on n'y adhère entièrement, on conviendra bien qu'il faudrait au.

moins adopter un *livret de commandements* pour une division d'infanterie, à l'instar de ce qui existe pour la cavalerie.—Ce n'est pas qu'un général de division ait souvent à faire des commandements de vive voix, à prescrire des mouvements réguliers, géométriques, prévus à l'avance ; mais au moins, lorsque les circonstances l'exigeront, il ne sera pas abandonné à ses propres conceptions pour opérer une manœuvre d'ensemble ; il sera guidé par des principes, des règles, des formules, et on pourra les appliquer d'une manière uniforme dans la division ou dans le corps d'armée.

Avec une école de division, d'ailleurs, les ordres verbaux que transmettent les officiers d'état-major seront plus simples ; les chefs secondaires les comprendront facilement ; il y aura moins d'hésitation partout, chacun sachant de suite, par un ou deux mots, ce qui va se passer.

Le clairon viendrait d'ailleurs en aide à la voix du chef, comme la trompette dans les évolutions d'une division de cavalerie.

Quant aux manœuvres de corps d'armée, on sait que le général Pelet avait aussi proposé de les réglementer ; mais eut-il réussi à rédiger une théorie destinée à cet usage, on nous permettra de douter qu'il eût atteint son but.—L'espace de terrain occupé par un corps d'armée n'est pas assez restreint pour être toujours sous l'œil du chef ; les mille circonstances qui naissent à la guerre de la disposition de l'ennemi, du terrain, de l'espèce de troupes employées, de leurs forces, de celles de l'ennemi, des ressources dont on est maître, ne permettent plus l'uniformité ni la symétrie dans les mouvements, et mettent le général dans de telles conditions que quelques pages ne peuvent suffire à prévoir toutes les manœuvres qu'il aura à faire exécuter.

Dans tous les règlements, l'exercice des tirailleurs est très-détaillé, particulièrement dans celui des Prussiens : ainsi, dans les mouvements où l'emploi des tirailleurs est nécessaire, leur combinaison avec la troupe de ligne est clairement expliquée.

On n'a pas oublié, comme dans d'autres théories, ce trait d'union entre l'école de tirailleurs et l'école de bataillon.—Le règlement anglais a suivi un peu cette voie ;—celui de l'infanterie autrichienne est également assez explicite en ce qui touche aux tirailleurs ;—mais le système des colonnes de compagnies, uni à l'emploi des tirailleurs tel que la Belgique l'a conçu et adopté, nous paraît être ce qu'il y a de plus complet.—Quoiqu'il existe sans doute encore quelque chose de défectueux dans l'organisation du bataillon belge, il est incontestable que c'est très-habile d'avoir trouvé le moyen de se servir constamment des tirailleurs sans désunir le bataillon, et d'avoir su assigner à ceux-ci un poste où ils peuvent être encore utiles en troupe alors qu'ils ne servent plus éparpillés.

Nous ne sommes pas encore arrivés à généraliser l'usage des colonnes de compagnies comme les Belges, puisque nous ne les avons admises simplement que pour faciliter la marche en bataille. Ne pourrions-nous pas les adapter un peu aux déploiements, aux carrés, etc., les combiner avec les tirailleurs, etc.? — Nos compagnies d'*élite*, placées en arrière des ailes, en colonne, rempliraient bien cet objet, sans presque rien changer à notre ordre de bataille, à notre organisation; puisque nous pouvons manœuvrer aussi bien avec six pelotons qu'avec huit, il serait très-simple, très-facile et peut-être utile de donner quelquefois cet emplacement à ces deux compagnies et de leur faire suivre les mouvements du bataillon à la manière des Belges.

Les colonnes de compagnie ont été introduites depuis quelques années dans les armées du Nord; nous les avons imitées timidement en imaginant nos colonnes de division. Devons-nous nous en tenir là?—Serions-nous les seuls à ne pas admettre l'utilité de ce que tous les autres regardent comme très-avantageux?—Pourquoi ne pas développer un système qui doit augmenter considérablement la mobilité de l'infanterie? Et si nous craignons les innovations, pourquoi ne pas prendre un peu aux Belges? ils nous ont assez emprunté! Nous aurons encore peut-être le mérite d'expérimenter avant eux leurs colonnes de compagnie!

Voici, pour corroborer nos observations sur ce sujet, l'opinion du général Renard :

« Dans les marches en avant en colonnes de compagnie, on est plus rapproché de la ligne déployée qu'en colonne double ou simple; on évite le désordre de la première formation et les lenteurs inévitables de la seconde.

« Lorsqu'on s'avance dans cet ordre, précédé d'une ligne de tirailleurs, celle-ci a en arrière, outre ses soutiens, des réserves prêtes à secourir ses diverses parties. Le bataillon peut engager le nombre de compagnies nécessaires pour repousser l'ennemi, sans être obligé de donner tout entier. Dans les combats traînants, les compagnies sont les réservoirs

où l'on prend des tirailleurs et auxquels ils retournent; de cette façon, le bataillon peut déployer toute
la force de sa composition organique et envoyer au
feu jusqu'à son dernier homme. Le bataillon peut
encore étendre le front de ses tirailleurs pour couvrir de grands espaces, sans difficulté et sans désordre; le commandant fixe comme il l'entend et
suivant les besoins la grandeur des intervalles des
compagnies, et chacune d'elles tiraille sur le terrain
qui lui est assigné. Cette formation se prête à une
foule de combinaisons. Ainsi, par exemple si le bataillon, formé en colonnes de compagnie, avec ses
réserves derrière les ailes, est attaqué par un bataillon ployé en colonne double ou simple, il peut
agir de la manière suivante: les deux compagnies du
centre se déploieront et feront feu, et les deux compagnies des ailes se disposeront à attaquer les flancs
de l'ennemi. Pendant ce temps la réserve est prête
à poursuivre celui-ci et à achever la défaite s'il recule,
ou bien à l'arrêter et à protéger la retraite s'il est
victorieux. Ce seul exemple suffit pour donner une
idée des ressources que procure cette innovation
tactique. »

Ajoutons que le bataillon formé en colonnes de
compagnie est susceptible de mouvements plus
rapides et surmonte plus facilement les difficultés du
terrain, que les ploiements et déploiements se font
deux fois plus vite que ceux de la colonne double et
quatre fois plus vite que ceux de la colonne simple, et
nous aurons, sinon démontré l'utilité incontestable
des colonnes de compagnie, fait voir du moins qu'on
peut tirer de leur emploi de grands avantages !

Que si on nous demande maintenant pourquoi

nous nous sommes un peu étendu sur les manœuvres de l'infanterie prussienne et de l'infanterie autrichienne et pourquoi nous avons glissé rapidement sur d'autres, enfin pourquoi nous avons omis de parler d'un grand nombre d'autres troupes de l'Allemagne dont l'organisation et les règlements offrent de l'intérêt, nous répondrons que les deux peuples qui doivent le plus attirer notre attention en raison de leur importance politique sont en même temps ceux dont l'organisation militaire est la plus perfectionnée, et par conséquent ceux chez lesquels nous pouvons glaner quelque chose d'utile.

Les premiers sont d'ailleurs nos maîtres en tactique; ne sont-ce pas les descendants des soldats du grand Frédéric? Les seconds sont peut-être les seuls que l'histoire nous montre, à toutes les époques, nos ennemis les plus constants, les plus opiniâtres et en même temps nos adversaires les plus difficiles à vaincre.

La Russie est une puissance colossale ; ses troupes sont innombrables. Nous aurions dû sans doute examiner plus à fond l'organisation et les manœuvres de son infanterie; mais, outre que les documents nous manquent, il nous aurait fallu tout un volume pour développer cette intéressante question, et nous serions sorti du cadre que nous nous sommes tracé.

Quant aux petits peuples de l'Allemagne, la plupart ont copié les Prussiens ; d'autres se sont faits tributaires des règlements autrichiens. Nous serions tombés dans des longueurs et des redites sans cesse renaissantes et fastidieuses, si nous avions entrepris de les passer en revue.

Après ceux-là il en est quelques autres qui se

sont, comme les Espagnols, les Anglais et les Piémontais, inspirés de notre tactique et de nos institutions et ont subi notre influence ; — inutile alors
d'en parler.

Et disons-le pour terminer, ce n'est pas seulement
dans l'Europe que notre armée exerce de l'influence
sur d'autres armées.—Des pays les plus éloignés on
vient chercher dans nos rangs des officiers instructeurs
pour dressser des soldats, des officiers, et enseigner
nos usages et nos exercices militaires. En Perse, en
Égypte, en Turquie, au Chili, nous avons envoyé
des officiers français. A leur tour ces pays envoient
en France leurs jeunes gens les plus intelligents,
ceux des meilleures familles, pour étudier l'art militaire dans nos écoles et dans nos régiments. —
L'Égypte, depuis plusieurs années, entretient en per-
manence une douzaine d'élèves à l'école de Saint-
Cyr ; la Turquie, la Perse, de même la Valachie, la
Moldavie, la république Argentine en ont fait
admettre à l'école de Saint-Cyr, à celle de Saumur,
à l'école d'état-major.

Ainsi partout on nous imite, on nous copie ; on
nous emprunte nos règlements ; on les traduit quelquefois mot pour mot (1).

Ces faits prouvent mieux que de vaines phrases
notre influence militaire. Néanmoins il ne faudrait
pas s'illusionner et croire que nous avons atteint la
perfection. — Il nous reste beaucoup à faire pour

---

(1) Les manœuvres de l'infanterie égyptienne sont la traduction
arabe de notre règlement de 1791 ; les commandements sont en turc.
—Il en est de même de celle des Turcs.

conserver cette influence, pour ne pas nous laisser devancer par nos imitateurs et nos rivaux ! Puisqu'ils sont sans cesse à la piste de nos découvertes, cherchons aussi à notre tour à profiter de leurs inventions lorsqu'elles sont bonnes et utiles, et n'hésitons pas à nous approprier les améliorations qu'ils apportent à leur état militaire, quand elles peuvent convenir au nôtre. C'est ce que nous pouvons nous proposer particulièrement en ce qui concerne les manœuvres.

FIN.